Spätantike und frühchristliche Buchmalerei

›Die großen Handschriften der Welt‹

KURT WEITZMANN

Spätantike und frühchristliche Buchmalerei

Prestel-Verlag München

Die Übersetzung nach der gleichzeitig bei George Braziller, Inc., New York, erscheinenden Ausgabe besorgten Brigitte Sauerländer (Einführung) und Hella Preimesberger (Bildkommentare)

Herstellung Mohndruck, Gütersloh
ISBN 3 7913 0401 1

INHALT

Einführung

Eines der wichtigsten Ereignisse in der Geschichte des Buches, vergleichbar mit Gutenbergs Erfindung der Buchdruckerkunst, war die Einführung des Codex in seiner noch heute üblichen Form am Ende des 1. Jahrhunderts n. Chr. Der Dichter Martial verfaßte mehrere Epigramme (XIV, 186, 192 und weitere) zum Lob des neuen Buches »aus vielen gefalteten Häuten«, durch das es nun möglich wurde, Vergils Gesamtwerk in einem einzigen Band unterzubringen. Zuvor wurden Bücher in der Form von Papyrusrollen hergestellt, deren durchschnittliche Länge neun bis zehn Meter betrug. Für die Niederschrift der zwölf Bücher der Aeneis benötigte man ebenso viele Schriftrollen. Mehrere Jahrhunderte hindurch stritten Rolle und Codex um die Vorrangstellung, und erst im 4. Jahrhundert wurde der Codex endgültig zur beherrschenden Buchform.

Die Ägypter hatten ihr Totenbuch auf Papyrus geschrieben, ein Material, das in ihrem Land beheimatet war und für das sie das Monopol besaßen. Erst mit der Eroberung Ägyptens durch Alexander und mit der Gründung Alexandrias gewann der Papyrus im griechischen und später im römischen Kulturbereich weite Verbreitung. Als das Museion, die berühmte Bibliothek von Alexandria, zur Zeit Julius Caesars verbrannte, enthielt sie, wenn wir den Quellen Glauben schenken dürfen, 700000 Schriftrollen. Viele davon müssen illustriert gewesen sein. Der Verlust an literarischen wie buchkünstlerischen Werken ist als gleichermaßen tragisch anzusehen.

Worauf stützt sich aber nun der Nachweis, daß Schriftrollen illustriert waren? In einer berühmt gewordenen Textstelle seiner Naturgeschichte (Naturalis Historia XXXV.II.11) berichtet Plinius, daß Varro (1. Jh. v. Chr.) »seinen zahlreichen Schriften die Bildnisse von siebenhundert berühmten Männern« einfügte, und er setzt hinzu, daß diese Darstellungen über die ganze Welt verbreitet wurden. Das deutet auf die Massenproduktion anspruchsvoll illustrierter literarischer Texte sowie auf eine lebhafte Nachfrage danach in vorchristlicher Zeit hin. Man kann als sicher voraussetzen, daß alle Arten naturwissenschaftlicher Schriften mit erläuternden Abbildungen versehen wurden. Hier ist wiederum Plinius unser bester Gewährsmann. Er berichtet uns (N. H. XXV. IV. 8), daß die Pflanzenbücher des Krateuas, Dionysius und Metrodorus »höchst anziehend« mit farbigen Abbildern der Pflanzen ausgeschmückt waren. Vornehmlich illustrierte Pflanzenbücher sind uns in späteren Kopien erhalten (Taf. 15-20).

Der Verlust der Bibliothek von Alexandria wie überhaupt die geringe Haltbarkeit des Papyrus machen verständlich, warum so wenige Papyrusillustrationen auf uns gekommen sind. Zu den noch vorhandenen Papyrusfragmenten literarischen Inhalts gehören die Reste eines Romans aus dem 2. Jahrhundert, heute in Paris aufbewahrt (Abb. 1), und das Fragment eines Heraklesgedichtes aus dem 3. Jahrhundert,

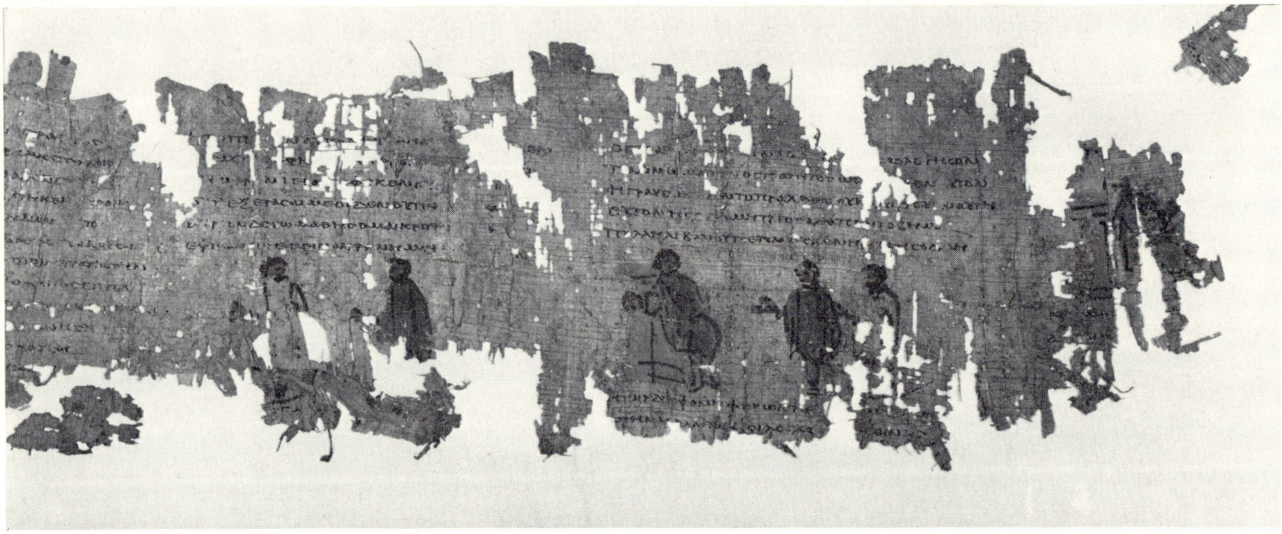

1 Roman-Papyrus aus dem 2. Jahrhundert, Paris

heute in London (Abb. II). Literarische Texte dieser Art wurden nach einem konsequenten System illustriert: Der Illustrator gab so viele Geschehnisse wie möglich in knappen, ungerahmten Szenen wieder, die dicht aufeinander folgen, so daß der Betrachter aufgefordert ist, von einer Darstellung zur nächsten fortzuschreiten. Dieses Anordnungsschema lebte in vielen Codices (Abb. X) weiter und findet heutzutage noch breite Verwendung in den comic strips.

Der Codex eröffnete neue Möglichkeiten. Flach liegende Pergamentblätter, die nicht wie Papyrus gerollt werden mußten, erlaubten das Auftragen dickerer Farbschichten. Die Buchmalerei gewann dadurch die Möglichkeit, maltechnisch fortgeschrittenere Tafel- und Freskobilder zu kopieren, und wetteiferte in der Feinheit der Farbgebung bald mit diesen Vorbildern. Die Codexseite begünstigte außerdem die Selbständigkeit und Ausweitungsmöglichkeit der einzelnen Szene und somit die Nachahmung des Bildcharakters eines Tafelbildes, Freskos oder Mosaiks (Taf. 31, 32, 36–38). Das Ergebnis war, daß die Buchmalerei im 4. Jahrhundert ein hohes künstlerisches Niveau erreichte und bald zu einem führenden Kunstzweig wurde. Diese Stellung bewahrte sie, bis der Holzschnitt und der Kupferstich die Miniatur ablösten.

Es muß jedoch betont werden, daß eine zusammenhängende Entwicklungsgeschichte nicht geschrieben werden kann, da eben nur wenige Manuskripte und Fragmente aus den Epochen der Spätantike und des frühen Christentums – etwa der Zeit vom 4. bis zum 7. Jahrhundert – auf uns gekommen sind. Auch die wenigen Handschriften, die als zuverlässige Kopien verlorener, datierbarer Vorbilder angesehen werden können (Abb. IV–VI, VIII–X), reichen nicht aus, die Lücken in einem Entwicklungsablauf zu schließen, der mit Recht das erste Goldene Zeitalter der Buchmalerei genannt werden kann.

Die gebräuchlichste Form der Illustration in allen Textgattungen war das Autorenporträt. In der Papyrusrolle trat es allem Anschein nach in der Regel als Medaillonbild auf. Ein solches Rundbild wiederholt das Autorenporträt in der Terenz-Handschrift des Vatikan (Abb. VIII); hier hat jedoch das Format des Codex eine Erweiterung von Thema und Darstellung bewirkt, indem zwei flankierende Schauspieler hinzugefügt wurden. Für den Codex wurde der sitzende Autor die am häufigsten gewählte Version des Autorenbildes. Im frühen Entwicklungsstadium wie im Vergilius Romanus (Abb. III) erscheint der Autor noch in einen schmalen Streifen gepreßt innerhalb der Schriftkolumne; der freie Raum zu seiten der Figur wird gefüllt mit einem Schreibpult und einer Capsa, dem Behälter zur Aufbewahrung der Schriftrollen. Die endgültige Lösung war das ganzseitige Autorenbild, wie zum Beispiel das des Dioskurides (Taf. 17), wo der Autor vor einem mit Säulen verzierten Gebäude sitzt. Klassische Dichter und Philosophen gaben die Vorlagen ab für die Bildnisse der Evangelisten, der am häufigsten abgebildeten Autoren in der langen Geschichte der Buchmalerei (Taf. 33, 35, 42); hier sind die säulenverzierten Gebäude ein vielfach vorkommendes Bildelement, in einigen Fällen deutlich von der Hintergrundwand (Scenae frons) des römischen Bühnenraumes abgeleitet (Taf. 33).

Der früheste datierte Codex mit ganzseitigen Illustrationen ist leider nur in Zeichnungen des 17. Jahrhunderts erhalten, denen eine karolingische, als Zwischenglied fungierende Kopie zugrunde liegt. Der Kalender des Filocalus aus dem Jahr 354 n. Chr., angefertigt für einen Christen mit Namen Valentinus, läßt sowohl die Vielfalt der Quellen erkennen, die von den ersten Malern ganzseitiger Miniaturen benutzt wurden, wie auch eine große künstlerische Sicherheit. Kaiser Konstans II., wie er vom Thronsitz aus Münzen verteilt (Abb. IV), ist ein Thema, das auf Silberschalen erscheint; Personifikationen der großen Metropolen, wie die ›Roma‹ (Abb. V), haben Parallelen in Freskodarstellungen; und die Serie der Monatsbilder, dargestellt als ganze Figuren mit den zugehörigen Tätigkeiten (Abb. VI), findet sich sehr häufig in den gleichzeitigen Fußbodenmosaiken.

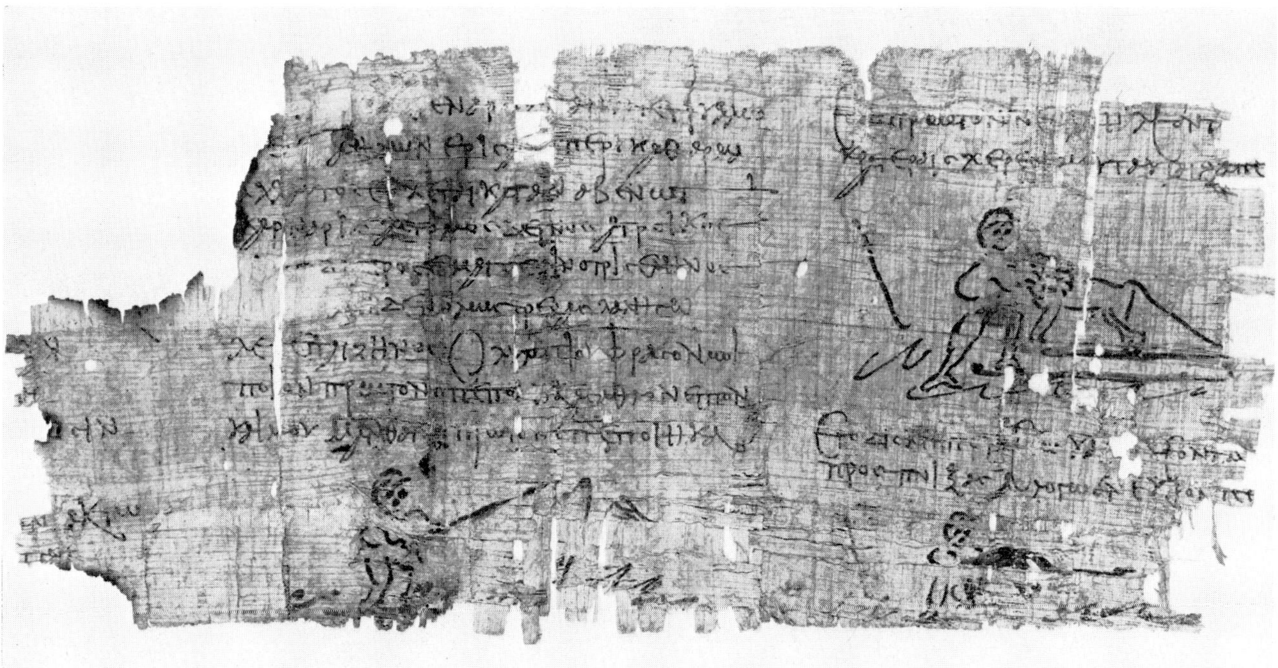

II Herakles-Papyrus aus dem 3. Jahrhundert, London

III Autorenporträt des Vergil. Vergilius Romanus, Rom

Es ist bezeichnend für die spätantike Buchmalerei, daß Texte von praktischem Wert, wie der Kalender und einige wissenschaftliche Schriften, eine Ausstattung erhielten, die an künstlerischer Vollendung den Illustrationen berühmter literarischer Texte nicht nachstand. Einige der sehr verfeinerten Miniaturen, die wir aus dieser Epoche besitzen, finden sich in einem Herbarium, das in Konstantinopel für eine kaiserliche Prinzessin angefertigt wurde. Dieser sogenannte Wiener Dioskurides zeigt neben prachtvollen Titelminiaturen (Taf. 15-17) nicht nur zartgemalte Pflanzenbilder von großer Wirklichkeitsnähe (Taf. 18), sondern auch naturalistische Darstellungen zu angefügten Traktaten: eine Illustration zu einem Gedicht über die Heilkräfte der Pflanzen mit der ausführlichen Darstellung eines Korallenstrauchs (Taf. 19), eine weitere zu einer Abhandlung über Vögel (Taf. 20) und eine dritte zur Anwendung von Kräutern gegen giftige Schlangenbisse (Abb. VII).

Innerhalb der Literatur des Altertums erfreuten sich epische Dichtungen ganz besonderer Beliebtheit, und den ersten Rang unter ihnen nahmen Homers Ilias und Odyssee ein. Aus der Zeit gegen Ende des 5. Jahrhunderts besitzen wir eine Gruppe von 58 Miniaturen, die aus einer Ilias-Handschrift ausgeschnitten sind, welche sich jetzt in Mailand befindet (Taf. 7-10). Die Miniaturen zeigen eine beachtliche Verschiedenheit der Kompositionsschemata und reichen vom Einzelkampf bis zu vielfigurigen Schlachtenbildern. Das weist darauf hin, daß die Ilias-Illustration zu jenem Zeitpunkt bereits verschiedene Entwicklungsstadien durchlaufen hatte und so über eine lange Geschichte verfügte. Es scheint reiner Zufall zu sein, daß weder eine illustrierte Odyssee noch irgendeine der anderen epischen Dichtungen der Griechen erhalten geblieben ist.

Aus dem lateinischen Westen sind zwei illuminierte Handschriften der Vergilschen Aeneis auf uns gekommen, die beide jetzt in der Bibliothek des Vatikan

IV Kaiser Konstans II.
V Roma, die Personifikation Roms
VI Der Monat März

Illustrationen zu einem Kalender von Filocalus, im 17. Jahrhundert nachgezeichnet, Rom

VII Illustration zu einem Traktat über Schlangen.

Wiener Dioskurides, Wien

IV

ROMA

V

MENSIS MARTIUS
CONDITA MAVORTIS MAGNO SUB NOMINE ROMA

VI

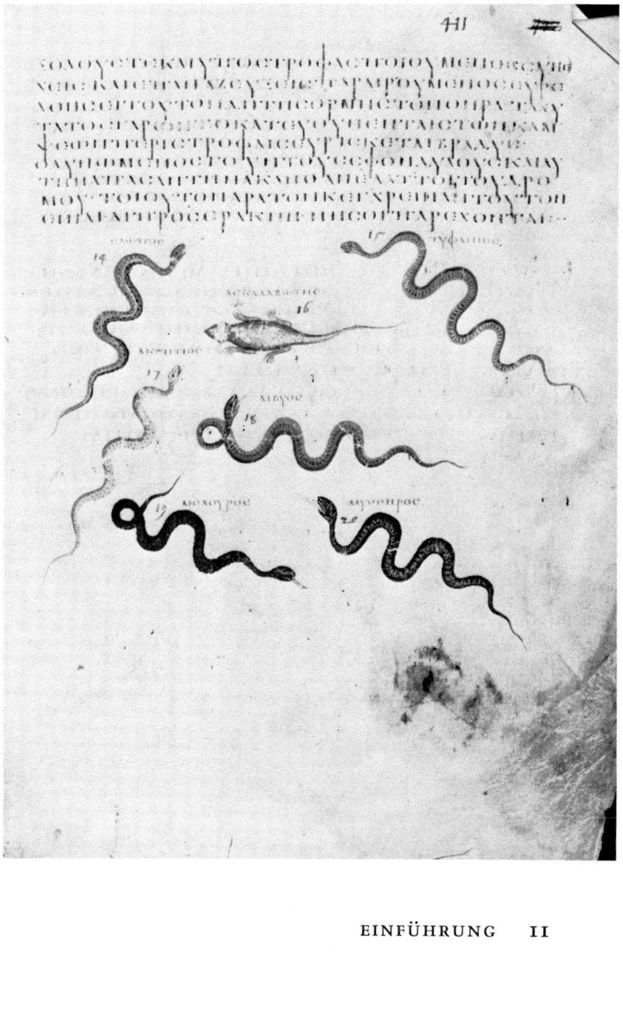

VII

VIII Autorenporträt des Terenz aus einer Terenzhandschrift in Rom

aufbewahrt werden: der Vergilius Vaticanus, datiert ins frühe 5. Jahrhundert (Taf. 1-4) und der Vergilius Romanus, dem späteren 5. Jahrhundert zugeschrieben (Taf. 11-14). Sie sind nicht nur in stilistischer Hinsicht gänzlich verschieden – die eine Handschrift wurde in Rom, die andere in einer noch nicht bestimmten Provinz hergestellt –, sondern unterscheiden sich auch in ihrer Ikonographie, womit sie die Vermutung nahelegen, daß die Illustration der Aeneis an mehreren verschiedenen Orten einsetzte.

Nach dem Epos gehörte das Drama zu der am häufigsten illustrierten Literaturgattung. Unglücklicherweise ist kein einziger Dramentext aus der Spätantike erhalten, doch muß eine karolingische Handschrift mit den Komödien des Terenz, aufbewahrt in der Vaticana, als eine äußerst treue Kopie nach einer Vorlage des 5. Jahrhunderts angesehen werden. Der Terenz erscheint hier in einer Neuausgabe der Komödien, die von einem gewissen Calliopius hergestellt wurde. Die erläuternden Bilder sind nach einem Schema angelegt, das für alle illustrierten Dramen gegolten haben muß: Zuerst erscheint das Autorenporträt (Abb. VIII), dann die Aufstellung der Masken, jeweils in Form und Farbe genau wiedergegeben (Abb. IX), und schließlich folgen lebhaft erzählende Szenen, die ohne Rahmen oder Hintergrund innerhalb der Textkolumnen stehen und somit noch der Papyrustradition verbunden sind (Abb. X). Illustrierte Handschriften der Werke von Euripides und Menander, der beliebtesten klassischen Schauspieldichter, müssen ganz ähnlich ausgesehen haben.

Die genannten Vergil-Handschriften enthalten beide auch die Georgica mit verschiedenartigen Miniaturen, die ländliche Tätigkeiten und Beobachtungen des Tierlebens veranschaulichen (Taf. 1 und 12). Darüber hinaus besitzt der Vergilius Romanus einige Darstellungen zu den Eklogen (Taf. 11), die das glückliche Landleben schildern. Dieses Thema hatte durch die bukolische Literatur große Verbreitung gefunden und die christliche Kunst nachhaltig beeinflußt. Es ist sehr wohl denkbar, daß eine illustrierte Theokritus-Handschrift der erste bukolische Text war, der eine bildliche Ausstattung erhielt. Die Pariser Papyrusfragmente aus dem 2. Jahrhundert mit Szenen aus einem nicht identifizierten Roman (Abb. I) lassen vermuten, daß diese Textkategorie ebenfalls mit ausführlichen Miniaturzyklen versehen worden sein muß.

Um ein richtiges Bild von der entstehenden frühchristlichen Buchmalerei zu gewinnen, muß man sich stets die Fülle der antiken Buchmalerei mit ihrer mehrere Jahrhunderte zurückreichenden Tradition vor Augen führen. Die frühchristliche Buchmalerei war kein neuer Kunstzweig, vielmehr war sie von Anfang an sehr bemüht, die klassische Überlieferung in sich aufzunehmen. Sie eiferte dem klassischen Buch nicht nur in technischer Hinsicht nach, sondern eignete sich auch, wo immer dies möglich war, den vorherrschenden Stil und die Kompositionsschemata an und übernahm ganz allgemein das System ausgedehnter erzählender Bilderzyklen.

Im Zentrum der frühchristlichen Buchmalerei steht die Bibel. Ihre Bedeutung entspricht etwa der Homers für die antike Buchmalerei. Es ist höchst bezeichnend, daß zu Beginn nicht die ganze Heilige Schrift, sondern nur einzelne Bücher der

IX

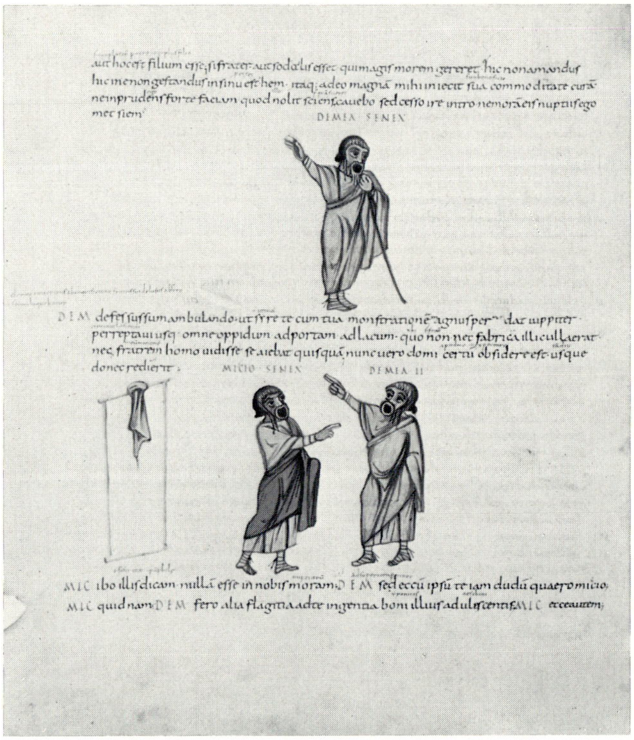

X

IX–X Masken und Szene aus ›Adelphoe‹. Aus einer Terenzhandschrift in Rom

Bibel illustriert wurden. Der Grund ist offensichtlich: Die Szenen lösen einander in so schneller Folge ab und sind so zahlreich, daß die Illustration der gesamten Bibel unmöglich gewesen wäre.

Die frühesten Bibelminiaturen, die wir besitzen – vier an der Zahl –, stammen aus einer sehr reich ausgestatteten Handschrift der Königsbücher, der sogenannten Quedlinburger Itala aus dem frühen 5. Jahrhundert (Taf. 5), aufbewahrt in Berlin. Jede Bildseite zeigt mehrere Szenen; wenn man annimmt, der unversehrte Codex habe etwa 60 illustrierte Seiten umfaßt, würde er an die 200 bis 300 Einzeldarstellungen enthalten haben. Als Bildschmuck zu den Königsbüchern sind unsere Miniaturen ohne Parallele, aber die Tatsache, daß erzählende Illustrationen der Königsbücher im Freskenzyklus der Synagoge von Dura aus dem 3. Jahrhundert einen wesentlichen Teil der Wanddekoration ausmachen, deutet auf das Vorhandensein einer älteren Bildüberlieferung für dieses Buch des Alten Testaments hin.

Das breiteste Beweismaterial an ausgedehnten Miniaturenzyklen ist für das Buch Genesis vorhanden. Da mehrere Bildrezensionen bestanden haben, muß die Genesis mit ihren zahlreichen dramatischen Episoden, die dem Illustrator soviel Anreiz boten, besonders populär gewesen sein. Die Eigenart der frühen Bibelillustration vertritt am reinsten die sogenannte Cotton-Genesis in London aus dem 5. oder 6. Jahrhundert (Taf. 21–22). Unglücklicherweise erlitt sie 1731 schwere Brandschäden. Es sind jedoch von der Mehrzahl ihrer Miniaturen, ursprünglich etwa 330, angekohlte Fragmente erhalten, die einen Einblick in die Denkart des Künstlers gewähren. Er versuchte, eine einzige Episode in so viele einander folgende Szenen aufzugliedern wie nur möglich. So erschien etwa die Arche Noah nicht weniger als elfmal, und in dem Kapitel, das die Geschlechter aufzählt, reihte sich recht monoton eine Geburtsszene an die andere. Die Geschichte der Handschrift zeigt, daß sie stets eine hohe Wertschätzung erfuhr. Im 13. Jahrhundert wählten venezianische Mosaizisten etwa 100 Szenen aus dem Zyklus aus, um sie als Vorlagen für die Ausschmückung von fünf Kuppeln in der Eingangshalle von San Marco zu verwenden. Im 17. Jahrhundert plante Nicholas-Claude Fabri de Peiresc, einer der größten Gelehrten seiner Zeit, eine Kupferstich-Ausgabe, die, wäre sie verwirklicht worden, das früheste Handschrift-Faksimile dargestellt hätte. Bedauerlicherweise sind von diesem Projekt nur zwei kolorierte Probezeichnungen für die Stiche übriggeblieben; eine schildert den dritten Tag der Erschaffung der Welt (Abb. XI).

Bestandteil einer noch prachtvolleren Genesis-Handschrift ist eine Reihenfolge von 24 Blatt mit 48 Miniaturen aus dem 6. Jahrhundert, heute in der Wiener Nationalbibliothek und bekannt als die Wiener Genesis (Taf. 23-28). Man hat ausgerechnet, daß die Handschrift in unversehrtem Zustand 96 Blatt, das heißt 192 Seiten, besaß. Jede Seite enthielt in der unteren Hälfte eine Miniatur, während die obere Hälfte dem Text vorbehalten blieb, der in silbernen Unzialen auf purpurgefärbtem Pergament geschrieben war. Da hier eine Miniatur durchschnittlich aus zwei oder drei Einzelszenen besteht, übersteigt die ursprüngliche Anzahl der Darstellungen sogar jene der Cotton-Genesis. Man muß annehmen, daß die Handschrift

XI Der dritte Tag der Erschaffung der Welt. Kolorierte Probezeichnung für eine im 17. Jahrhundert geplante Faksimile-Ausgabe der Cotton-Genesis, Paris

für einen Bibliophilen (wahrscheinlich ein Mitglied der kaiserlichen Familie) angefertigt wurde, der stärker an den Bildern als am Text interessiert war. Dieser wurde erheblich gekürzt, um auf jeder Seite ein formales Gleichgewicht zwischen Text und Bild herzustellen. Zu allen Zeiten waren Handschriften dieser Art eine Seltenheit und wurden als solche gewürdigt. Auch die Wiener Genesis inspirierte spätere Künstler: so einen venezianischen Miniaturisten des 14. Jahrhunderts, der eine ›Historia Troianae‹ illuminierte.

Der Oktateuch in der Ostkirche und der abendländische Pentateuch umfaßten jeweils mehrere zusammenhängende biblische Bücher, die illustriert waren. Der Oktateuch ist uns nur in späteren Kopien überliefert, vom Pentateuch besitzen wir eine frühe, sehr reich illustrierte Kopie des 7. Jahrhunderts: den Ashburnham-Pentateuch in Paris (Taf. 44-47). Auch hier wieder setzt die Fülle des Bilderschmucks in Erstaunen. Die ursprüngliche Anzahl ganzseitiger Miniaturen mit szenischen Darstellungen ist auf 69 geschätzt worden, nur 18 davon sind erhalten. Das große Folioformat (die Blatthöhe beträgt ca. 40 cm) ermöglichte dem Buchmaler in vielen Fällen, mehr Einzelbilder auf einer Seite unterzubringen, als es in der Wiener Genesis der Fall war; die Gesamtzahl der Szenen im Ashburnham-Pentateuch muß ohne Zweifel ebenfalls in die Hunderte gegangen sein. Bezeichnenderweise stellten mehr als die Hälfte davon die Genesis dar, doch besteht in ikonographischer Hinsicht keine Beziehung zu den vorher besprochenen Genesiszyklen. Der Ashburnham-Pentateuch wurde während des Mittelalters ebenfalls sehr hoch geschätzt. Einige seiner Bilder dienten als Vorlagen für die Fresken des 11. Jahrhunderts in der Kirche Saint-Julien in Tours.

Die Schwierigkeiten, denen ein Künstler gegenüberstand, der eine vollständige Bibel zu illustrieren hatte, veranschaulicht eine syrische Bibel des 7. Jahrhunderts, die sich jetzt in Paris befindet. Sie bringt nur Titelbilder zu den einzelnen Büchern der Bibel, deren Text aus raumsparenden Gründen dreispaltig geschrieben ist. Der Bildschmuck besteht größtenteils aus stehenden Autorenfiguren, wie beispielsweise Sirach vor einer Säulenarchitektur (Abb. XII), oder Szenen, die zu einer Titelfigur geschrumpft sind, etwa Josua in Gibeon (Abb. XIII). Nur in einigen wenigen Fällen, wie zu den Büchern Exodus und Hiob, wurden figurenreiche erzählende Szenen aus größeren Zyklen übernommen (Taf. 39–40). Das Fehlen jeder einheitlichen Grundkonzeption offenbart deutlich den eklektischen Charakter dieses Illustrationsverfahrens.

Eine ganz besondere Stellung nimmt das Evangelienbuch ein. Offensichtlich begann die bildliche Ausschmückung des Evangeliars in ähnlicher Weise wie die des Alten Testaments, das heißt mit ausgedehnten Bilderzyklen innerhalb der Textkolumnen, dichtgereihten Einzelbildern, die kein Ereignis aus dem Leben Christi ausließen. Zwei Evangeliare mit Hunderten von Szenen, beides Kopien des 11. Jahrhunderts, die eine in Paris, die andere in Florenz, zeigen dieses Illustrationssystem. Offenbar schon kurze Zeit nach der festen Verankerung des Christentums entstanden Evangeliare, die nicht für die Bibliothek bestimmt waren, sondern die als Mittelpunkt des Gottesdienstes auf dem Altar liegen sollten. Evangeliare dieses Typus, prachtvoll und von stattlichem Umfang – und alle noch vorhandenen frühen illu-

XII

XIII

XII–XIII Sirach und Josua. Syrische Bibel in Paris

strierten Evangelienbücher gehören in diese Kategorie – bringen am oberen Rand der Seite die Überschrift der Lesung und die Angabe des Tages, an dem sie zu lesen sei, um die praktische Benutzung des Evangeliars zu erleichtern. Möglicherweise um den Bibelleser nicht abzulenken, wurden zu einem frühen Zeitpunkt der Entwicklung die Bilder aus der Schriftkolumne herausgenommen und entweder in die Randstreifen versetzt oder zusammen an den Beginn der einzelnen Evangelien bzw. des ganzen Evangeliars gestellt. Unter den wenigen illustrierten Evangeliaren und Evangeliarfragmenten begegnen wir allen dreien dieser Bildanordnungen.

Die erstgenannte findet sich in einem Evangeliarfragment des 6. Jahrhunderts aus Sinope. Es enthält Teile des Matthäusevangeliums und ist in großen goldenen Unzialen auf purpurgetöntem Pergament geschrieben. Alle fünf erhalten gebliebenen Illustrationen befinden sich in den unteren Randstreifen. Sie werden von Propheten flankiert, die Schriftrollen mit typologischen Texten halten. Eine Darstellung Christi mit dem verdorrenden Feigenbaum (Abb. XIV), die nicht von besonderer Bedeutung ist, zeigt, daß der Illustrator aus einem breiteren Fundus narrativer Evangelienbilder auswählte.

Nahe verwandt ist das Evangeliar aus dem Schatz der Kathedrale von Rossano, in silbernen Unzialbuchstaben auf purpurgrundigem Pergament geschrieben und

XIV Christus mit dem verdorrenden Feigenbaum. Evangeliar von Sinope, Paris

ebenfalls dem 6. Jahrhundert zugehörig. Hier sind alle Darstellungen am Beginn des Buches zusammengezogen. Die Auswahl der Bildgegenstände richtete sich nach der Bedeutung der Lesungen. Augenscheinlich wurde der Künstler zu diesen prächtigen, ganzseitigen Miniaturen durch Werke der Monumentalkunst – Fresken wie auch Mosaiken – inspiriert. Das trifft nicht nur für die großformatigen Bilder zu, die Christus vor Pilatus zeigen (Taf. 31–32), sondern auch für die Apostelkommunion (Abb. XV-XVI), eine Darstellung, die der Künstler über die oberen Hälften zweier gegenüberstehender Seiten ausbreitete. Es gilt ebenfalls für all die kleineren Szenen, die zwar letztlich auf einen erzählenden Bilderzyklus zurückgehen, doch in der Kombination mit den jeweils darunter angeordneten Propheten den Aufbau einer Wanddekoration spiegeln, wie er in der Kirche von Sant' Angelo in Formis vertreten ist.

Ein anderes System der Bildanordnung wurde in dem syrischen Evangeliar verwendet, das der Mönch Rabbula in Mesopotamien 586 n. Chr. geschrieben hat und das sich jetzt in Florenz befindet. Die Szenen eines Bilderzyklus zu den Evangelien, von der Verkündigung an Zacharias bis zu Christus vor Pilatus, erscheinen hier in den inneren und äußeren Randstreifen der Seiten mit den Kanontafeln, die dem Evangelientext vorausgehen (Taf. 34). Prophetenfiguren, von einer illustrierten Bibel in der Art der syrischen Handschrift in Paris (Abb. XII) abgeleitet, nehmen die

Zwickel ein. Außerdem werden die vier Evangelisten, die gewöhnlich ganzseitige Darstellungen beanspruchen, hier in die Kanontafeln mit einbezogen (Taf. 35). Doch gibt es daneben, wie im Rossano-Evangeliar, sehr aufwendige ganzseitige Miniaturen, die die charakteristischen Eigenschaften der Monumentalkunst aufweisen (Taf. 36-38). Man gewinnt den Eindruck, daß in der frühchristlichen Epoche die verschiedenen Gattungen – Miniaturen, Fresken und vielleicht auch Ikonen – einander sehr frei beeinflußten.

Das Abendland übernahm auch das Verfahren, für Bilderzyklen mit reichen Szenen besondere Seiten zu reservieren. Ein Beispiel hierfür ist das Evangeliar des Corpus Christi College in Cambridge aus dem Ende des 6. Jahrhunderts. Wenigstens dreien der Evangelien waren Kollektivminiaturen vorangestellt, wovon eine erhalten ist (Taf. 41). Die Szenen dieser Miniatur haben erzählenden Charakter, sie illustrieren die erste Hälfte der Passion. Zusätzliche Darstellungen wurden als Doppelszenen rechts und links des Evangelistenporträts untergebracht (Taf. 42). Diese Anordnung entspricht der Plazierung der neutestamentarischen Szenen im Rabbula-Evangeliar rechts und links der Kanontafeln (Taf. 34).

Das Evangeliar nimmt in der frühen Buchillustration eine besondere Stellung ein als die einzige Buchgattung, die einen reichen ornamentalen Schmuck aufweist. Von der späteren Entwicklung her betrachtet, muß es geradezu überraschen, daß die frühen Bücher, vor allem jene, die im Mittelmeerbereich entstanden, kaum etwas von jener Ornamentik zeigen, die sich im nördlichen Europa in der merowingischen und insularen Kunst entwickelte. Es gibt nur eine einzige Ausnahme, das sind die Kanontafeln, welche die von Eusebius im 4. Jahrhundert ausgearbeitete Konkordanz der Evangelienstellen enthalten und dem Text des Evangeliars vorangestellt sind. Ein vollständiger Satz von nicht weniger als 19 Tafeln für die zehn Kanons leitet das Rabbula-Evangeliar ein (Taf. 34). Hier ist eine Arkade, die auch als Rahmung der Evangelistenporträts fungiert (Taf. 33), als Grundmotiv verwendet. Ihre architektonische Funktion hat sie weitgehend verloren; oft ist sie, wie auf den Kanontafeln des Rabbula-Evangeliars, mit geometrischen und pflanzlichen Ornamenten gefüllt und von Blumen und Vögeln bekrönt. Fragmente von vier griechischen Kanontafeln in London bilden einen Höhepunkt in bezug auf Reichtum und Fülle des Ornamentalen (Taf. 43). Das Rossano-Evangeliar enthält außerdem ein Titelblatt zu den Kanontafeln mit einem Kranz aus regenbogenfarbigen Scheiben, der vier Medaillenbilder der Evangelisten einschließt (Abb. XVIII). Darüber hinaus folgt in einigen Evangelienbüchern im Anschluß an die Kanontafeln ein Bild des sogenannten ›Lebensbrunnens‹, von dem jedoch nur Kopien aus dem 8. Jahrhundert und noch späterer Zeit erhalten sind. Auch ist es wichtig festzuhalten, daß das Evangeliar im Osten das einzige und im Abendland das wichtigste Buch war, das mit einem durch Gold, Edelsteine und Perlen, zuweilen auch noch Elfenbein und Email geschmückten Einband ausgestattet wurde. Diese Materialien verliehen ihm das Aussehen eines Kultgegenstandes, vergleichbar dem Kelch und der Patene.

Es wäre fruchtlos zu versuchen, eine zusammenhängende Stilgeschichte der spätantiken-frühchristlichen Buchmalerei zu schreiben; was erhalten geblieben ist,

XV Apostelkommunion. Evangeliar von Rossano

macht nicht mehr aus als verstreute Inseln in einem Meer, dessen Ufer sich dem Auge entziehen. Man kann von vornherein annehmen, daß die großen schöpferischen Zentren sowohl für die spätantike wie für die frühchristliche Prunkhandschrift in den traditionellen Metropolen lagen, die zu Amtssitzen der frühen Patriarchate geworden waren: Rom, Alexandria, Antiochia und Konstantinopel. Man sollte versuchen, diesen Schwerpunkten und ihrem jeweiligen Umkreis möglichst viele der noch erhaltenen Handschriften zuzuordnen. Es läßt sich jedoch nicht vermeiden, daß einige Zuschreibungen hypothetisch bleiben müssen; in anderen Fällen ist der Entstehungsort der Handschrift Gegenstand der reinen Spekulation.

Glücklicherweise befinden wir uns mit den frühesten Handschriften auf festem Boden. Es besteht allgemeine Übereinstimmung darin, daß der Vergilius Vaticanus (Taf. 1-4) und die Quedlinburger Itala (Taf. 5) in Rom hergestellt wurden, möglicherweise in demselben Skriptorium. Die beiden Handschriften sind ein überzeugendes Beispiel für eine Parallelentwicklung gleich hoher Qualität innerhalb der heidnischen und der christlichen Buchherstellung. Ihre Miniaturen wurzeln in der Tradition eines Illusionismus, wie er in den reichen Landschaftsszenerien besonders spürbar wird, die offensichtlich aus Fresken oder Mosaiken in der Art derer mit Szenen des Alten Testaments im Langhaus von Santa Maria Maggiore übernommen wurden.

Die Cotton-Genesis ist allgemein nach Alexandria lokalisiert worden (Taf. 21-22). In der hellenistischen und der römischen Epoche war der dort vorherrschende Stil impressionistisch. In den Genesis-Miniaturen hat er aber kaum Spuren hinterlassen. Die Figuren sind gedrungen, von geradlinigen Konturen umzogen und in kastenartige Architekturen gesetzt. Sie verraten einen deutlichen Einfluß altägyptischer Tradition, die sich bis in die frühchristliche Zeit erhalten und nach dem chalcedonischen Konzil von 451 n. Chr. – als die kirchliche Partei der Monophysiten sich von der orthodoxen Kirche mit Hauptsitz Konstantinopel abspaltete – noch eine Neubelebung erfahren hatte. Ein Papyrusfragment, das in Antinoë gefunden wurde (Taf. 6) und der Cotton-Genesis nahe verwandt ist, stützt deren Lokalisierung nach Ägypten. Die Zuschreibung der Mailänder Ilias nach Alexandria ist nicht unumstritten, zumal auch Konstantinopel als Entstehungsort vorgeschlagen

XVI Apostelkommunion. Evangeliar von Rossano

worden ist. Doch weist der Stil der Figuren mit ihren gestreckten Umrißlinien (Taf. 8) viele Gemeinsamkeiten mit der Cotton-Genesis auf, wohingegen Konstantinopel im 6. Jahrhundert einen weit stärker antikisierenden Stil bewahrt hatte.

Der östlichen Hauptstadt kann mit Sicherheit der Wiener Dioskurides zugewiesen werden, der etwa gleichzeitig mit der Mailänder Ilias und der Cotton-Genesis entstand. Die Miniatur mit dem Autorenporträt (Taf. 17) verkörpert die antike Überlieferung in einer Reinheit, wie sie in keinem anderen mittelmeerischen Zentrum im 6. Jahrhundert anzutreffen ist, und man kann daraus nur den Schluß ziehen, daß Konstantinopel, schließlich eine griechische Gründung, seinen besonderen Stolz dareingesetzt hatte, das hellenistische Erbe zu bewahren. Die griechischen Kanontafeln (Taf. 43) hat man ebenfalls Konstantinopel zugeschrieben. Sie liefern den Beweis, daß dieses Zentrum – wenigstens im Bereich des Ornaments – für orientalische Einflüsse offen war und imstande, charakteristische Ornamentmuster von höchster Qualität hervorzubringen.

Die drei Purpurhandschriften: die Wiener Genesis und die Evangeliare von Rossano und Sinope (Taf. 23–33 und Abb. XIV) bilden eine zusammengehörige Gruppe, die aufgrund des Purpurs, dessen Verwendung ein Vorrecht der Kaiser war, von einigen Gelehrten nach Konstantinopel lokalisiert worden ist. Doch ist der Stil völlig verschieden von jenem der Autorenbilder im Wiener Dioskurides. Die Figuren in den Purpurhandschriften haben schmale, zylindrisch geformte Gestalt bei häufig schwingender Haltung; ihre Gesichter zeigen orientalisches Gepräge, die Hinterköpfe sind überbetont (siehe etwa Taf. 29). Sie weichen vom klassisch-antiken Figurenideal ab, was auf den Einfluß eines Hinterlandes mit sehr ausgeprägtem Stil hinweist. Wir nehmen an, daß dieser Einfluß aus Syrien kam. Dort zeigen die Fußbodenmosaiken von Antiochia in ihrer Spätphase ähnliche Umbildungen des klassisch-antiken Stils unter dem Eindruck der örtlichen Überlieferung. Diese Annahme würde mit der ikonographischen Beobachtung anderer Forscher übereinstimmen, wonach sich der charakteristische syrische Höcker-Ochse auf einigen Szenen der Wiener Genesis findet, und würde sich auch mit der Meinung verbinden lassen, daß die Bilder des Evangeliars von Rossano eine in Antiochia gebräuchliche liturgische Ordnung spiegeln. Das muß jedoch nicht bedeuten, daß alle drei Purpurhandschriften in Antiochia entstanden sind. Ein anderes Zentrum innerhalb des syrischen Bereichs muß ebenfalls in Betracht gezogen werden: Jerusalem. Nach dem Konzil von Chalcedon war Jerusalem das fünfte Patriarchat geworden. Eine Beziehung zu diesem Ort wird nahegelegt durch die Pilatus-Miniaturen (Taf. 31–32) und die Darstellung der Apostelkommunion (Abb. XV–XVI) im Codex Rossanensis. Diese Szenen sind – wenn wir uns nicht täuschen – Kopien nach Monumentalkompositionen in einigen Loca sancta in Jerusalem.

Anscheinend spiegeln auch einige Miniaturen des Rabbula-Evangeliars aus dem Jahre 586 n. Chr. monumentale Kompositionen in Jerusalem (Taf. 36–38), obwohl wir sicher wissen, daß diese Handschrift in Zagba in Mesopotamien angefertigt wurde. Der Figurenstil dieses syrischen Evangeliars zeigt die gleichen Charakteristika, wie sie die drei Purpurhandschriften aufweisen. Das scheint darauf hinzudeuten, daß sich der syrische Stil, zumindest während des 6. Jahrhunderts, in syrischen und griechischen Handschriften nicht wesentlich unterschied. Sogar die Bilder der Syrischen Bibel aus dem 7. Jahrhundert (Taf. 39–40 und Abb. XII–XIII) zeigen noch eine starke Prägung durch das griechische Erbe, eingebunden in eine spezifisch syrische Tradition. Man ist berechtigt, von einer syrisch-palästinensischen Kunst im Sinne eines stilistisch einheitlichen Gebietes zu sprechen.

Wenn wir uns jetzt wieder dem Abendland und Rom zuwenden, wo wir mit unserer Betrachtung begonnen haben, so besteht Grund zu der Annahme, daß das Evangeliar des Corpus Christi College in Cambridge (Taf. 41–42) entweder in Rom oder anderenorts in Italien am Ende des 6. Jahrhunderts entstand, und wir haben keinen Anlaß, die Überlieferung anzuzweifeln, wonach diese Handschrift durch Papst Gregor dem ersten Erzbischof von Canterbury, dem hl. Augustinus, übersandt wurde. Höchst auffallend sind die Unterschiede zwischen diesem Evangeliar und den griechischen und syrischen Handschriften aus demselben Jahrhundert. Der malerische Stil der antiken Überlieferung, der sich im Osten trotz der sich durchsetzenden Provinzeinflüsse viel besser bewahrt hatte, ist im Abendland einem linearen Stil gewichen. Die Figuren werden nicht nur flächiger, sondern die lineare Zeichnung beginnt rhythmischen Eigenwert zu entfalten, der als Beginn einer gewollten, fortschreitenden Abstraktion verstanden werden muß.

Eines ist hierbei deutlich: Die Umbildung des antiken Stils zu einer stärker abstrahierenden Darstellungsweise schritt in den entfernteren Provinzen schneller voran als in jenen Teilen Italiens, die unter dem Einfluß Roms verblieben. Die Miniaturen des Vergilius Romanus aus dem Ende des 5. Jahrhunderts (Taf. 11–14) lassen dies sehr klar erkennen: Die Umbildung ist hier weiter vorangetrieben als in dem zweifellos späteren Evangeliar des Corpus Christi College. Die Lokalisierung dieser Vergil-Handschrift ist jedoch noch eine offene Frage. Ein neuerer Versuch, die Miniaturen einem östlichen Künstler zuzuschreiben, überzeugt unseres Erachtens nicht. Richtig ist, daß uns auch in der östlichen Kunst, besonders in den Fußbodenmosaiken, eine sehr weitgehende Vereinfachung in der Zeichnung der

XVII Maiestas Domini. Codex Amiatinus, Florenz

menschlichen Figur begegnet. Doch zumindest in Werken höherer Qualität geht der Verlust des organischen Körperbaus nicht so weit wie in den Vergil-Miniaturen (Taf. 13). Hier ist die Zeichnung einem linearen Rhythmus unterworfen, der betont ornamentale Formengliederung schafft, charakteristisch für die abendländische Kunst in jenen Gegenden, wo ein ›barbarischer‹ Stil sich zu festigen begann. Die Wiedergabe des Gesichts in reinem, ja überbetontem Profil ist ein weiterer Zug, der im Osten sehr selten, viel häufiger aber in der abendländischen Kunst beobachtet werden kann; er zeigt sich zum Beispiel besonders ausgeprägt auf den Elfenbeintafeln von Kranenburg, die sich im Metropolitan Museum in New York befinden und vermutlich im 5. Jahrhundert in Gallien entstanden sind. Obwohl dies nicht beweist, daß die Vergil-Handschrift aus Gallien stammt, bleibt Gallien nichtsdestoweniger eine jener Provinzen, die bei jeder weiteren Diskussion über die Lokalisierung der Vergil-Handschrift in Betracht gezogen werden sollten.

Ein anderes ungelöstes Problem ist die Lokalisierung des Ashburnham-Pentateuchs aus dem 7. Jahrhundert (Taf. 44-47). Der hochentwickelte Sinn für dramatische Handlung, die fremdartige Kleidung, die Fülle der phantastischen Architekturszenerien, die Sensibilität einer reichen dekorativen Farbigkeit, all das spricht für ein sehr wichtiges Zentrum der Buchherstellung. Wir kennen aber keine anderen Miniaturen, die jenen des Pentateuch entweder stilistisch oder ikonographisch entsprechen. Sein Genesis-Zyklus ist weitgehend unabhängig von östlichen Bildfolgen wie der Cotton- oder der Wiener Genesis. Er ist aber auch unabhängig von römischen Zyklen wie den Mosaiken von Santa Maria Maggiore oder den Wandgemälden von Alt-St. Peter. Man hat jedoch festgestellt, daß der Einfluß des Pentateuch in der späteren spanischen Buchmalerei spürbar vorhanden ist. Dies scheint die Frage, ob der Pentateuch in Spanien entstanden sein könnte oder in einer Gegend, die auf Spanien einen starken Einfluß ausgeübt hatte – und das wäre Nordafrika –, etwas zu begrenzen. Karthago war ohne Zweifel ein führendes und einflußreiches frühchristliches Zentrum, besonders zu der Zeit, als der hl. Augustinus im nicht zu fernen Hippo Bischof war. Im Museum in Karthago befinden sich zwei stark beschädigte Marmorreliefs mit den Darstellungen der Geburt Christi und der Anbetung der Könige. Ihre Figuren zeigen einen bewegten Gewandstil, der nicht unähnlich bei einigen Figuren des Ashburnham-Pentateuch anzutreffen ist. Das ist sicher keine ausreichende Grundlage, um den Ashburnham-Pentateuch nach Karthago zu lokalisieren. Ein solcher Hinweis sollte jedoch im Auge behalten werden.

Mit dem Codex Amiatinus in Florenz, einer Bibel, die um 700 n. Chr. in Jarrow-Wearmouth in Northumbria als eine Kopie nach Cassiodorus' ›Codex Grandior‹ geschaffen wurde – der seinerseits in Vivarium in Kalabrien entstanden war –, haben wir den Punkt erreicht, wo frühchristliche Überlieferung und beginnendes Mittelalter aufeinandertreffen. Die Titelminiatur von Ezra, der die verschiedenen Bücher des Alten Testaments abschreibt (Taf. 48), ist die getreue Kopie eines frühen byzantinischen Evangelistenporträts. Mit dem Maiestas-Bild hingegen, das dem Neuen Testament vorangestellt ist (Abb. XVII), beginnt eine Tradition, in der die Komposition der Vorstellung von einem natürlichen Raum nicht mehr verpflichtet ist. Ein neues und abstraktes Kompositionsprinzip ist erfunden, nach welchem Christus, anstatt in den Wolken zu schweben, zum Mittelpunkt eines ornamentalen geometrischen Musters geworden ist. Es bleibt jedoch eine ungelöste Frage, ob die beiden Miniaturen von einem italienischen Wanderkünstler oder einem angelsächsischen Maler geschaffen wurden.

Von diesem Zeitpunkt an muß sich die Geschichte der Buchmalerei nicht mehr auf zufällige und sporadische Reste beschränken. Sie verfügt jetzt über einen wachsenden Bestand an Werken, deren Entstehungsorte innerhalb engerer regionaler Grenzen bestimmt werden können, bis hin zu genau benennbaren Klöstern. Im gleichen Augenblick aber hat die Buchmalerei jenen ökumenischen Charakter verloren, der die Werke der Spätantike und der frühchristlichen Zeit auszeichnet.

XVIII Titelblatt zu den Kanontafeln. Evangeliar von Rossano

Bibliographie

Allgemeine Literatur

Bethe, E.: Buch und Bild im Altertum, hrsg. v. E. Kirsten, Leipzig 1945

Birt, T.: Die Buchrolle in der Kunst, Leipzig 1907

Friend jr., A. M.: The Portraits of the Evangelists in Greek and Latin Manuscripts, in: Art Studies 1927, S. 115 ff. und 1929, S. 3 ff.

Gasiorowski, S. J.: Malarstwo Minjaturowe Grecko-Rzymskie, Krakau 1928

Gerstinger, H.: Die griechische Buchmalerei, Wien 1926

Weitzmann, K.: Ancient Book Illumination, Cambridge (Mass.) 1959

Weitzmann, K.: Illustrations in Roll and Codex. A Study of the Origin and Method of Text Illustration. 2. Auflage Princeton 1970

Weitzmann, K.: Studies in Classical and Byzantine Manuscript Illumination, hrsg. v. H. L. Kessler, Chicago 1971

Literatur zu den Handschriften

TAFELN 1-4

Fragmenta et Picturae Vergiliana Codicis Vaticani Latini 3225 (Codices e Vaticanis selecti, Bd. I.) Nichtfarbiges Faksimile, Rom 1930

de Wit, J.: Die Miniaturen des Vergilius Vaticanus, Amsterdam 1959

TAFEL 5

Degering, H. und Boeckler, A.: Die Quedlinburger Italafragmente. Faksimile, Berlin 1932

TAFEL 6

Gasiorowski, S. J.: A Fragment of a Greek Illustrated Papyrus from Antinoë, in: Journal of Egyptian Archaeology XVII, 1931, S. 1 ff.

Turner, E. G.: The Charioteers from Antinoë, in: Journal of Hellenic Studies XCIII, 1973, S. 192 ff.

TAFELN 7-10

Calderini, A., Ceriani, A. M. und Mai, A.: Ilias Ambrosiana (Fontes Ambrosiani XXVIII) Faksimile, Bern und Olten 1953

Bianchi Bandinelli, R.: Hellenistic Byzantine Miniatures of the Iliad, Olten 1955

TAFELN 11-14

Picturae Ornamenta Complura Scripturae Specimina Codicis Vaticani 3867 (Codices e Vaticanis selecti, Bd. II). Nichtfarbiges Faksimile, Rom 1902

Rosenthal, E.: The Illuminations of the Vergilius Romanus, Zürich 1972

TAFELN 15-20

von Premerstein, A., Wessely, K. und Mantuani, J.: Dioscurides, Codex Aniciae Julianae picturis illustratus (Codices Graeci et Latini photogr. depicti, Bd. X). Nichtfarbiges Faksimile, Leiden 1906

Buberl, P.: Die byzantischen Handschriften, Bd. I (Beschreibendes Verzeichnis der illuminierten Handschriften in Österreich, Bd. VIII, Tl. 4), Leipzig 1937, S. 1 ff.

Gerstinger, H.: Dioscurides, Codex Vindobonensis med. gr. 1. Faksimile, Graz 1970

TAFELN 21-22

Tikkanen, J. J.: Die Genesismosaiken von S. Marco in Venedig und ihr Verhältnis zu den Miniaturen der Cottonbibel, in: Acta Societatis Scientiarum Fennicae XVII, Helsinki 1889, S. 99 ff.

Weitzmann, K.: Observations on the Cotton Genesis Fragments, in: Late Classical and Mediaeval Studies in Honor of A. M. Friend, Jr., Princeton 1955, S. 112ff.

TAFELN 23–28

von Hartel, W. und Wickhoff, F.: Die Wiener Genesis, Nichtfarbiges Faksimile, Wien 1895

Gerstinger, H.: Die Wiener Genesis. Faksimile, Wien 1931

Buberl, P.: Die byzantinischen Handschriften, Bd. I (Beschreibendes Verzeichnis der illuminierten Handschriften in Österreich, Bd. VIII, Tl. 4), Leipzig 1937, S. 65ff.

TAFELN 29–33

Muñoz, A.: Il Codice Purpureo di Rossano. Faksimile, Rom 1907

Loerke, W. C.: The Miniatures of the Trial in the Rossano Gospels, in: Art Bulletin XLIII, 1961, S. 171ff.

TAFELN 34–38

Cecchelli, C., Furlani, G. und Salmi, M.: The Rabbula Gospels. Faksimile, Olten und Lausanne 1959

Leroy, J.: Les Manuscrits Syriaques à Peintures, Paris 1964, S. 139ff.

Weitzmann, K.: Loca Sancta and the Representational Arts of Palestine, in: Dumbarton Oaks Papers XXVIII, 1974, S. 31ff.

TAFELN 39–40

Omont, H.: Peintures de l'Ancien Testament dans un manuscrit syriaque du VIIe au VIIIe siècle, in: Monuments Piot XVII, 1909, S. 85ff.

Leroy, J.: siehe unter Taf. 34–38, S. 208ff.

TAFELN 41–42

Wormald, F.: The Miniatures in the Gospels of St. Augustine. Faksimile, Cambridge 1954

TAFEL 43

Shaw, H. und Madden, F.: Illuminated Ornaments selected from Manuscripts and Early Printed Books, London 1833, Tafeln I–IV

Nordenfalk, C.: Die spätantiken Kanontafeln, Göteborg 1938, S. 127ff.

Nordenfalk, C.: The Apostolic Canon Tables, in: Essais en l'honneur de Jean Porcher, hrsg. v. O. Pächt, Paris 1963, S. 17ff.

TAFELN 44–47

von Gebhard, O.: The Miniatures of the Ashburnham Pentateuch. Faksimile, London 1883

Narkiss, B.: Towards a Further Study of the Ashburnham Pentateuch, in: Cahiers Archéologiques XIX, 1969, S. 45ff.

Gutmann, J.: The Jewish Origin of the Ashburnham Pentateuch Miniatures, in: Jewish Quarterly Review XLIV, 1953, S. 55ff.

TAFEL 48

Bruce-Mitford, R. L. S.: The Cassiodorus-Ezra Miniature in the Codex Amiatinus, in: T. D. Kendrick u. a., Codex Lindisfarnensis, Olten und Lausanne 1960, S. 143ff.

Nordhagen, P. J.: An Italo-Byzantine Painter at the Scriptorium of Coelfrith, in: Studia Romana in honorem Petri Krarup, Odense 1976, S. 138ff.

ABBILDUNG I

Weitzmann, K.: Ancient Book Illumination, Cambridge, Mass. 1959, S. 100ff. und Tafel LI, 107

ABBILDUNG II

Weitzmann, K.: The Oxyrhynchus Papyri XXII, 1954, S. 85ff. und Tafel XI

ABBILDUNGEN IV–VI

Strzygowski, J.: Die Calenderbilder des Chronographen vom Jahre 354, in: Jahrbuch des Archäologischen Instituts I, Ergänzungsheft, Berlin 1888

Nordenfalk, C.: Der Kalender vom Jahre 354 und die lateinische Buchmalerei des 4. Jahrhunderts, in: Göteborgs Kungl. Vetenskaps och Vitterhets-Samhälles Handlinger, Ser. A 5, 2, 1936, S. 28 ff.

Stern, H.: Le Calendrier de 354. Etude de son texte et ses illustrations, Paris 1953

ABBILDUNGEN VIII–X

Jachmann, G.: Terentius. Codex Vaticanus Latinus 3868. Faksimile (Codices e Vaticanis Selecti, Bd. XVIII), Leipzig 1929

Jones, L. W. und Morey, C. R.: The Miniatures of the Manuscript of Terence, 2 Bde., Princeton 1931

Koehler, W. und Mütherich, F.: Die Hofschule Kaiser Lothars, Die Karolingischen Miniaturen Bd. IV, Berlin 1971, S. 85 ff. und Tafeln 28–61

ABBILDUNG XI

Omont, H.: Fragments du Manuscrit de la Genèse de R. Cotton, conservés parmi les papiers de Peiresc, in: Mémoires de la Société des Antiquaires de France, LIII (1895), 163 ff.

Omont, H.: Miniatures des plus anciens manuscrits grecs de la Bibliothèque Nationale du VIe au XIVe siècle, 2. Aufl. Paris 1929, S. 10 f. und Tafel

ABBILDUNG XIV

Omont, H.: Miniatures des plus anciens manuscrits grecs, a.a.O. S. 1 f. und Tafeln A u. B.

Grabar, A.: Les Peintures de l'Evangéliaire de Sinope, Paris 1948

Nachweis der einfarbigen Abbildungen

ABBILDUNG I

Roman-Papyrus
Paris, Bibliothèque Nationale, Cod. Suppl. gr. 1294
340 x 115 mm
Erworben 1900

ABBILDUNG II

Herakles-Papyrus
London, The Egypt Exploration Society,
235 x 106 mm
Gefunden in Oxyrhynchos, Pap. 2331

ABBILDUNG III

Vergil [fol. 3 v]
Rom, Vergilius Romanus,
siehe Tafeln 11–14

ABBILDUNG IV

Kaiser Konstans II. [fol. 13 r]

ABBILDUNG V

Roma [fol. 2 r]

ABBILDUNG VI

Der Monat März [fol. 18 r]
Rom, Biblioteca Vaticana, Cod. Barb. lat. 2154
55 Blatt, 276 x 206 mm
Die Zeichnungen des 17. Jahrhunderts gehen auf eine karolingische Kopie des Kalenders des Filocalus zurück, der im Jahre 354 für einen Christen mit Namen Valentinus in Rom geschrieben worden ist

ABBILDUNG VII

Illustration zu einem Traktat über Schlangen [fol. 411 r]
Wien, Wiener Dioskurides, siehe Tafeln 15–20

ABBILDUNG VIII
Terenz [fol. 2 r]

ABBILDUNG IX
Masken [fol. 3 r]

ABBILDUNG X
Szene aus ›Adelphoe‹ [fol. 60 v]
Terenz Handschrift, Rom, Biblioteca Vaticana, Cod. Vat. lat. 3868
92 Blatt, 343 x 293 mm
Die Handschrift wurde von dem Mönch Hrodgarius und dem Maler Adelricus im dritten Jahrzehnt des 9. Jahrhunderts in Lothringen geschaffen. Sie wird bereits 1475 von Bartholomäus Platina im Katalog der Vatikanischen Bibliothek aufgeführt

ABBILDUNG XI
Genesis [fol. 32 r]
Paris, Bibliothèque Nationale, Cod. fr. 9530
325 Blatt, 250 x 380 mm
Eine der beiden kolorierten Probezeichnungen, die Daniel Rabel 1622 im Auftrag von Nicholas-Claude Fabri de Peiresc für die geplante Faksimile-Ausgabe der Cotton-Genesis schuf

ABBILDUNG XII
Sirach [fol. 218 v]

ABBILDUNG XIII
Josua [fol. 52 v]
Syrische Bibel in Paris, siehe Tafeln 39-40

ABBILDUNG XIV
Feigenbaum [fol. 30 v]
Evangeliar von Sinope, Paris, Bibliothèque Nationale, Cod. suppl. gr. 1286
43 Blatt, 200 x 180 mm
Erworben im Jahre 1900 aus dem Besitz des französischen Offiziers Jean de la Taille, der die Handschrift ein Jahr zuvor in Sinope am Schwarzen Meer gekauft hatte

ABBILDUNG XV
Apostelkommunion [fol. 3 v]

ABBILDUNG XVI
Apostelkommunion [fol. 4 r]

ABBILDUNG XVIII
Titelblatt zu den Kanontafeln [fol. 5 r]
Evangeliar von Rossano, siehe Tafeln 29-33

ABBILDUNG XVII
Maiestas Domini [fol. 786 v]
Codex Amiatinus, Florenz, siehe Tafel 48

Autor und Verlag danken den Besitzern der Handschriften für ihre freundliche Erlaubnis zur Wiedergabe der Miniaturen und ihre entgegenkommende Unterstützung bei Beschaffung der Reproduktionsvorlagen. Ferner sei folgenden Fotografen, Instituten und Archiven für ihre Mitarbeit gedankt: University College, London (Taf. 6); Photo Carlo Bertelli, Rom (Taf. 29–33); Guido Sansoni, Florenz (Taf. 34–38, 48); Lichtbildwerkstätten Alpenland, Wien (Abb. VII); Hirmer-Fotoarchiv (Abb. XV); Dumbarton Oaks, W. C. Loerke, Washington, D. C. (Abb. XVI, XVIII).

Die Tafeln

Vergilius Vaticanus

Rom, Biblioteca Vaticana, Cod. lat. 3225
76 Blatt 219 x 196 mm

In der Renaissance gehörte die Handschrift zwei berühmten Sammlern, zuerst Pietro Bembo, dann Fulvio Orsini, der sie im Jahre 1600 der Vatikanischen Bibliothek vermachte.

I Georgica

In seinem Lehrgedicht, den Georgica, schildert Vergil den Kampf zweier eifersüchtiger Stiere um eine schöne Kuh in Sila im Apennin (III, 209 ff.). Vor dem Hintergrund eines von Rosa zu Zartblau übergehenden Himmels stoßen die beiden wutentbrannten Stiere mit kampfbereit gesenkten Hörnern bei einem Baum mit goldschraffiertem Stamm und federgleichen Blättern aufeinander. Die schöne weiße Kuh schaut hochmütig zu, während auf der rechten Seite der besiegte Stier, der hier als Entsprechung zur Kuh weiß statt braun erscheint, wiederholt ist. Er reibt seine Hörner an einem Baumstamm, um neue Kräfte für die Wiederaufnahme des Kampfes zu sammeln.
Diese Geschichte ist keine Erfindung Vergils, sondern eine bekannte Erzählung, die bei verschiedenen antiken Schriftstellern, u. a. bei Pseudo-Oppian, Aelian und Plinius auftaucht. In einer Pseudo-Oppian-Handschrift des 11. Jahrhunderts in Venedig erscheint diese Episode (Cynegetica II, 43 ff.) in nicht weniger als vier aufeinanderfolgenden rahmenlosen Szenen in der Art von Papyrus-Illustrationen: die getreue Wiedergabe eines Archetypus des 2. bis 3. Jahrhunderts. Die Szene der kämpfenden Stiere ist derjenigen des Vatikanischen Vergil so ähnlich, daß ein gemeinsamer, und zwar mit Sicherheit griechischer Urtypus anzunehmen ist. Der Illustrator des Vatikanischen Codex, der im frühen 5. Jahrhundert in Rom tätig war, reduzierte den narrativen Zyklus auf zwei Szenen. Er gab ihnen eine durch die Freskomalerei beeinflußte vereinheitlichende Landschaft und rahmte die Miniatur, um einen paneelartigen Eindruck zu erreichen. [fol. 5 v]

1

2 Zerstörung Trojas

Im zweiten und dritten Buch der Aeneis schildert Vergil sehr detailliert die Zerstörung Trojas in Anlehnung an ein griechisches Epos des Trojazyklus, das unter anderen Episoden die bekannte Erzählung vom Trojanischen Pferd enthält. Die Miniatur beschreibt den Augenblick, als der Verräter Sinon die Falltür des hölzernen Pferdes öffnet und einer der Achaier, Odysseus, »am herabgelassenen Seil hinuntergleitet«; einige andere Achaier stürzen sich auf die Trojaner, die, um Tische gelagert, ein festliches Mahl einnehmen. Die Szene wird durch die trojanische Mauer abgeschlossen. Außerhalb der Mauer, unter Mond und Sternen, ist ein Schiff zu sehen – ein Hinweis darauf, daß der Überraschungsangriff bei Nacht stattfand.
Vergil spricht nur vom Angriff auf die Wachen; die Tötung der Tafelnden ist durch seinen Text nicht erklärt. Dieses und andere Details weisen darauf hin, daß dem Illustrator andere Quellen zur Verfügung standen, sehr wahrscheinlich eine illustrierte Iliupersis des Stesichorus, von der einige Illustrationen auf einer Piombinoplatte (pulverisierter Marmor) des 1. Jahrhunderts im Kapitolinischen Museum in Rom erhalten sind. Dort ist in der Mitte eine ähnliche Komposition aus umgreifender Stadtmauer und einzelnen Kampfszenen zu sehen, die jedoch schärfer voneinander getrennt sind als in der einheitlicheren Komposition der Vatikanischen Miniatur. Das Öffnen des Pferdes durch eine Falltür und das Herablassen des Odysseus ist auf diesem Täfelchen so ähnlich, daß eine gemeinsame, zumindest bis ins 1. Jahrhundert zurückgehende Quelle angenommen werden muß, die jedenfalls vor der Erfindung des Codex liegt. [fol. 19r]

XIX

ETIAMARGIVAPHALANXINSTRUCTISNAVIB·IBAT
ATENEDOTACITAEPERAMICASILENTIALUNAE
LITORANOTAPETENSFLAMMASCUMREGIAPUPPIS
EXTULERATFATISQUEDEUMDEFENSUSINIQUIS
INCLUSOSUTERODANAOSETPINEAFURTIM

3 Tod der Dido

Eines der wichtigsten Ereignisse der Aeneis, der dramatische Tod der Dido, ist in zwei Miniaturen dargestellt, von denen die eine den Augenblick unmittelbar vor ihrem Selbstmord, die andere jenen unmittelbar danach wiedergibt (IV, 645 ff.). Die erste Szene, in der Dido das Schwert hebt, um es in ihren entblößten Busen zu stoßen, hat der Illustrator in einer der wenigen ganzseitigen Miniaturen dieser Handschrift dargestellt, um ihre besondere Bedeutung hervorzuheben. Dido liegt auf einem Lager hoch oben auf einem Scheiterhaufen von solchen Ausmaßen, daß sie eine – noch dagegen lehnende – Leiter benötigte, um ihn zu erklettern. Während bei Vergil der Scheiterhaufen unmißverständlich (V, 494) unter freiem Himmel errichtet ist, hat der Künstler das Geschehen ganz unlogisch in das Innere eines prächtigen Palastraumes mit farbiger Marmorinkrustation verlegt, wie sie dem 4. Jahrhundert vertraut war. Über einem Fenster ist eine perspektivisch gezeichnete hohe Kassettendecke zu sehen. Auf der linken Seite befindet sich eine Eingangstür mit einem gerafften Vorhang. Diese sehr auffällige Tür ist ohne Rücksicht auf die perspektivische Verkürzung der seitlichen Wand wiedergegeben. An dieser Stelle mußte die klassische Perspektive der Vergangenheit einem abstrakteren Prinzip weichen, für das volle Sichtbarkeit wichtiger als korrekte räumliche Bezüge ist.

Während der Illustrator in den beiden vorhergehenden Miniaturen in der Lage war, mehr oder weniger wörtlich eine ältere griechische Buchillumination zu kopieren, übernimmt er hier ein traditionelles Kompositionsschema, und zwar möglicherweise das einer sterbenden Alkestis aus einem illustrierten Euripides-Text. [fol. 40 r]

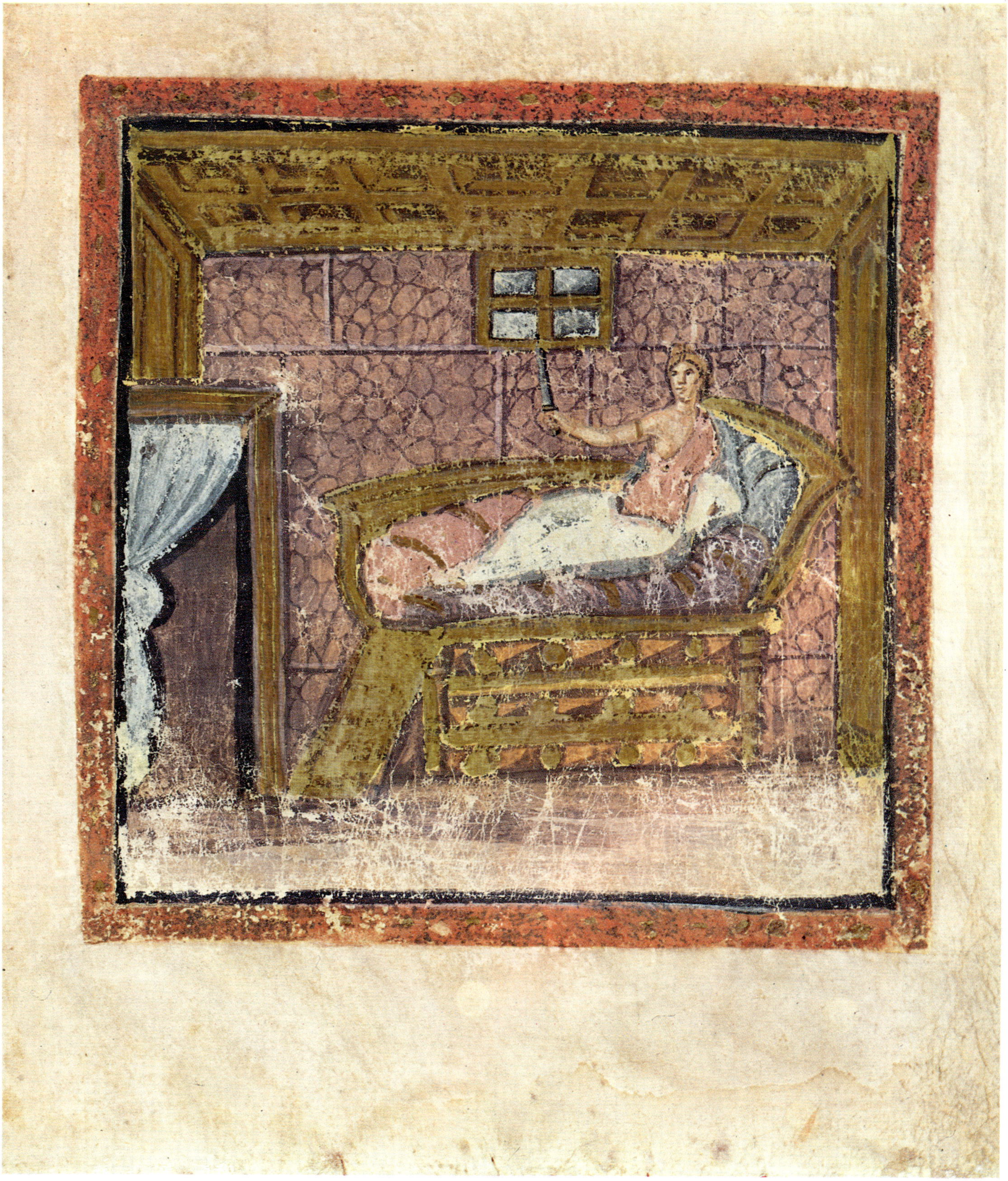

4

4 Versammlung der Trojaner

Während die Trojaner an der Tibermündung lagerten, wurde bei Nacht unter der Leitung des Askanius eine Versammlung abgehalten, um die Person zu bestimmen, die man zu Aeneas senden wollte. Vergil folgend (IX, 176ff.), sprach zuerst Nisus, dann Euryalus; in der Miniatur erscheinen sie jedoch nicht so sehr in lebhafter Diskussion begriffen als vielmehr wie kaiserliche Leibwachen. Alle drei sind mit der purpurnen Chlamys bekleidet und beiderseits von Soldatengruppen flankiert, deren zinnoberrote Schilde einen eindrucksvollen Farbakzent setzen. Im Vordergrund stehen zwei Männer mit dem Rücken zum Beschauer, von denen der eine als ›Aletes‹ bezeichnet ist. Aletes war der dritte Redner in der Versammlung und nach Vergil »in fortgeschrittenem Alter«, ist hier jedoch ganz jugendlich dargestellt. Der zweite trägt keine Inschrift und ist durch den Vergiltext auch nicht zu erklären. Offensichtlich wurde er aus Gründen der strengen Symmetrie, die das ganze Bild durchzieht, dort eingeführt.

Der Künstler hat offensichtlich den Text nicht allzu wörtlich genommen, um so zu einer hieratischen Komposition zu gelangen. Statt eine einfache streifenartige Komposition zu wählen, wie man sie in den Versammlungsbildern der Mailänder Ilias findet, scheint er durch eine monumentale Komposition von der Art einer Gerichtsszene beeinflußt zu sein. Eine für eine Lagerszene ganz überflüssige Stadtmauer füllt gleichmäßig die vier Ecken der ovalen Komposition, die abstrakter und stärker ornamentalisiert ist als in dem vorher erwähnten Iliupersis-Bild (Taf. 2).

Der Illustrator des Vergilius Vaticanus benutzt zwar, wann immer möglich, ältere ikonographische Traditionen, aber er experimentiert auch mit neuen, aus anderen Medien entliehenen kompositorischen Ideen. [fol. 73 v]

Quedlinburger Itala

Berlin-DDR, Deutsche Staatsbibliothek, Cod. theol. lat. fol. 485
1 + 5 Blatt annähernd 305 x 205 mm

Aus einer Handschrift der biblischen Königsbücher wurden zwischen 1865 und 1930 fünf Blatt und Fragmente eines sechsten Blattes in Einbänden von Quedlinburger Archivalien entdeckt: der Quedlinburger Buchbinder Asmus Reitel hatte sie 1619 als Makulatur zum Einbinden benutzt. Vier Blatt wurden 1875/76 an die Kgl. Bibliothek in Berlin abgegeben.

5 Saul und Samuel

In geradezu atemberaubender Dichte wird die Episode der Begegnung Sauls mit Samuel nach dem Sieg über die Amalekiter in vier Szenen dargestellt, die nur die Verse 13-33 von Samuel I, 15 wiedergeben. Es ist kaum vorstellbar, welchen Eindruck eine voll illustrierte Handschrift der beiden Bücher Samuel und der beiden Bücher der Könige ausgeübt haben muß. Die erste Szene zeigt die Ankunft Samuels auf einem zweispännigen Wagen, während Saul ein Opfer darbringt. Das Ganze erweckt den Eindruck einer römischen kaiserlichen Zeremonie. In der nächsten Szene sieht man Samuel, wie er, erzürnt über Saul, der nicht die gesamte Beute vernichtet hat, fortläuft, gefolgt von Saul, der einen Mantelzipfel des Propheten erfaßt und zerreißt. In der folgenden Szene bittet Saul (wir halten ihn für fälschlich als Agag bezeichnet) um Vergebung für seine Sünden; unmittelbar darauf beten Samuel und Saul gemeinsam zum Herrn. Schließlich tötet Samuel vor den Mauern der Stadt Gilgal Agag, den König der Amalekiter, indes Saul zuschaut.
Ikonographisch ist das Bild zwar durch trennende Rahmenleisten unterteilt, künstlerisch jedoch hat der Illustrator versucht, die Szenen in jedem Register durch einen einheitlichen rosa und hellblauen Himmel zu verbinden, der sich über eine Hügelkette mit zart skizzierten, dekorativen Bauwerken erhebt, ein Himmel, der demjenigen in den Illustrationen zu Vergils Georgica nicht unähnlich ist (Taf. 1). Auch die Figuren weisen den gleichen eleganten Stil mit gelegentlichen Goldschraffierungen auf. Beide Künstler haben möglicherweise in demselben Skriptorium in Rom im frühen 5. Jahrhundert gearbeitet. [fol. 2r]

Wagenlenker-Papyrus

London, The Egypt Exploration Society
Fragment 120 x 75 mm

Das Fragment wurde 1914 von Johnson auf einer Schutthalde in Antinöe gefunden.

6 Wagenlenker

Unter den bedauerlich wenigen erhaltenen Fragmenten von Papyrus-Illustrationen ist das beste in Zeichnung und Farbe die Darstellung einer Gruppe von Wagenlenkern. Fünf Figuren sind gut erkennbar, während von einer sechsten nur ein kleiner Ausschnitt erhalten ist. Sie sind durch ihre Kleidung zu identifizieren: Alle tragen ein gepanzertes, auf der Brust geschnürtes Obergewand zum Schutz bei Stürzen, einen Gürtel und einen Sturzhelm; einer hält eine Peitsche. Sie scheinen aus einem Gebäude herauszutreten, das durch einen einfachen gelben Bogen angedeutet ist. Drei von ihnen sind grün, einer blau und einer rot gekleidet; das sind die Farben der Parteien des Römischen Zirkus. Die vierte dieser Parteien, die weiße, ist hier nicht wiedergegeben.

Dieses Fragment ist alles, was von einer Seite eines ungefähr in der zweiten Hälfte des 5. Jahrhunderts entstandenen Codex erhalten ist. Dazu kommen einige wenige, in großen Kapitalen geschriebene Zeilen, ein Hinweis darauf, daß das Manuskript prächtig und von beträchtlichem Umfang gewesen sein muß. Aber die wenigen Buchstaben auf beiden Seiten des Blattes reichen leider nicht aus, um den Text zu identifizieren; der Gedanke an Buch XXIII der Ilias, wo beim Begräbnis des Achill Rennen stattfinden, ist zwar verführerisch, doch ist nicht einmal mit Sicherheit zu entscheiden, ob es sich um ein Epos oder einen Prosatext handelt.

Der figürliche Stil des Fragments, das 1914 in Antinoë gefunden wurde, ist mit seiner Tendenz zur Flächenhaftigkeit der Körper und zu kräftigen, einfachen Konturen, mit den runden Gesichtern und niedrigen Stirnen typisch ägyptisch. Er ist dem Stil der Mailänder Ilias (Taf. 8) und mehr noch dem der Cotton-Genesis (Taf. 21-22) verwandt.

Ilias Ambrosiana

Mailand, Biblioteca Ambrosiana, Cod. F. 205 Inf.
52 Blatt vermutlich 186 x 220 mm, heute beschnitten

Die Handschrift befand sich im späten Mittelalter in Konstantinopel; während dieser Zeit wurden den Miniaturen die Tituli (Bildbeschriftungen) hinzugefügt. Im Jahre 1608 erwarb sie Kardinal Federico Borromeo zusammen mit einer Fülle anderer kostbarer Handschriften aus der Bibliothek des Genuesen Gianvincenzo Pinelli für die Biblioteca Ambrosiana.

7 Die Gefangennahme Dolons

Die Geschichte des trojanischen Spähers Dolon, der in die Hand der Achaier fällt, aus Buch X der Ilias, wird in zwei unmittelbar nebeneinanderstehenden narrativen Szenen wiedergegeben, so daß das Auge rasch von der einen zu der anderen übergehen kann. Der mit einem olivfarbenen Wolfspelz verkleidete Dolon wird von Odysseus im Nacken gepackt. Odysseus ist in eine Tunika und einen orangefarbenen Mantel gekleidet, der sich im Wind bläht und so den dramatischen Effekt der ohnehin schon bewegten Szene steigert; in voller Rüstung sieht Diomedes, leicht schwankend in seiner Haltung, dem Geschehen zu. In der folgenden Szene zieht Diomedes sein Schwert, um Dolon zu töten, aber im Widerspruch zum Text der Ilias ist es Odysseus, der ihm zunächst grausam die Glieder abschlägt und ihn dann enthauptet. Der Illustrator hat sich auch noch andere Freiheiten gegenüber dem Text erlaubt: So gibt er dem Odysseus den üblichen Pilos, die Kappe, an der man ihn immer erkennt, und dem Diomedes einen Federhelm, obwohl beide eigentlich Tarnkappen tragen müßten. Auch hier wird die Turbulenz der Szene durch die weit ausholenden Bewegungen und lebhaften Gesten der beiden Helden noch gesteigert. Die über beiden Szenen schwebende Büste der Nacht steht im Widerspruch zu den konventionell impressionistischen Farben des Himmels, Rosa-Violett bis Hellblau, wodurch die Szenen, wohl aus Gründen der besseren Sichtbarkeit, zeitlich entweder ins Morgengrauen oder in die Dämmerung verlegt sind.
Die Ilias-Miniaturen sind ins Ende des 5. Jahrhunderts zu datieren. Sie stehen noch weitgehend in der hellenistischen Tradition. Die Dolon-Miniatur gehört zu der Gruppe von Fragmenten, die den Illustrationsstil der Papyrusrollen am besten bewahrt hat. [pict. XXXIV]

XXXIV

8 Achilles bringt ein Opfer dar

Achilles steht barfüßig vor seinem rosenfarbenen Zelt und bringt auf einem brennenden Altar ein Opfer dar. In der Rechten hält er die Opferschale, während er sich mit der Linken auf einen Speer stützt (XVI, 220 ff.). Er trägt einen purpurnen Mantel, der Teile seines Körpers freiläßt und schicklich den Kopf bedeckt. Er bittet Zeus, der über den Bäumen rechts als Imago clipeata (auf einem Schild gemalte Büste) dargestellt ist, um Schutz für Patroklus, der mit seinen Waffen in den Kampf gegen Hektor gezogen ist.

In dieser Miniatur hat der Illustrator den Figurenmaßstab aller anderen Miniaturen überstiegen und Achilles in monumentaler Weise dargestellt; daß er es nur in diesem einen Fall tut, und zwar bei dem hervorragendsten Helden der Ilias, ist bezeichnend. Diese Tatsache läßt den Einfluß monumentaler Malerei vermuten, impliziert jedoch nicht, daß ein Fresko dieses Themas tatsächlich kopiert wurde. In dem vergrößerten Bildraum innerhalb einer Codexseite war der Illustrator sicherlich auch fähig, eine kleinere Figur aus der Papyrusrollen-Tradition vergrößert darzustellen.

Trotz ihrer monumentalen Wirkung fehlt der Figur des Achilles echte Körperlichkeit, da der traditionell sichere Stand zugunsten einer leicht schwankenden Haltung aufgegeben, der Kontur geradlinig gemacht und dadurch der Körper abgeflacht wurde. Wir sehen darin eine Abweichung von der klassischen Norm und ein ähnliches Wiederaufgreifen ägyptischer Züge wie in den Miniaturen der Cotton-Genesis (Taf. 21-22). [pict. XLVII]

9

9 Schlachtenszenen

Zu einer besonderen Miniaturengruppe dieser Handschrift zählen die überaus figurenreichen Schlachtenszenen, von denen in diesem Bild zwei zu sehen sind. Der Text auf der Rückseite enthält zwar die Verse 634–57 des fünften Buches, in der ersten Szene ist jedoch nichts zu finden, was durch diese oder die folgenden Verse zu erklären wäre. Die beiden vergleichsweise überlebensgroßen Kämpfer im Mittelpunkt der zweiten Szene stellen höchstwahrscheinlich den Trojaner Sarpedon und den Achaier Tlepolemus (durch eine spätere Hand fälschlich als Diomedes bezeichnet) dar, die im Text des Epos Speere gegeneinander schleudern. In der Miniatur greift jedoch Tlepolemus mit einem Schwert an. Diese Interpretation wird durch die Tatsache gestützt, daß unten links der verwundete Sarpedon – die einzige sicher zu identifizierende Figur – unter einem Baum sitzend dargestellt ist. Der allgemeine Mangel an Übereinstimmung mit dem Text kann leicht durch die Annahme erklärt werden, der Illustrator habe große und komplexe Wandgemälde kopiert und sie nur oberflächlich den Geschehnissen des Homerischen Epos angepaßt. Die einzigen Spuren einer älteren Ilias-Tradition stellen sehr wahrscheinlich die Zweikampfszene im Mittelpunkt, die recht isoliert im allgemeinen Kampfgetümmel steht, sowie der verwundete Sarpedon dar. Diese beiden Elemente wären ein Hinweis darauf, daß die Miniatur des Urtypus zwei unmittelbar nebeneinanderstehende knappe Szenen in der Art der Miniatur mit der Dolon-Episode (Taf. 7) aufwies. Ob die über einer Wolkenbank schwebenden Gottheiten, Athena, Zeus und Hera, Teile der ursprünglichen Komposition waren, ist nicht zu entscheiden.
Das dichtgedrängte Schlachtfeld mit den vielen sich überschneidenden Figuren erinnert an Darstellungen auf Schlachtensarkophagen des 3. Jahrhunderts. Mit großer Wahrscheinlichkeit gehört das Fresko-Vorbild der Miniatur in diese Periode.

[pict. XX, XXI]

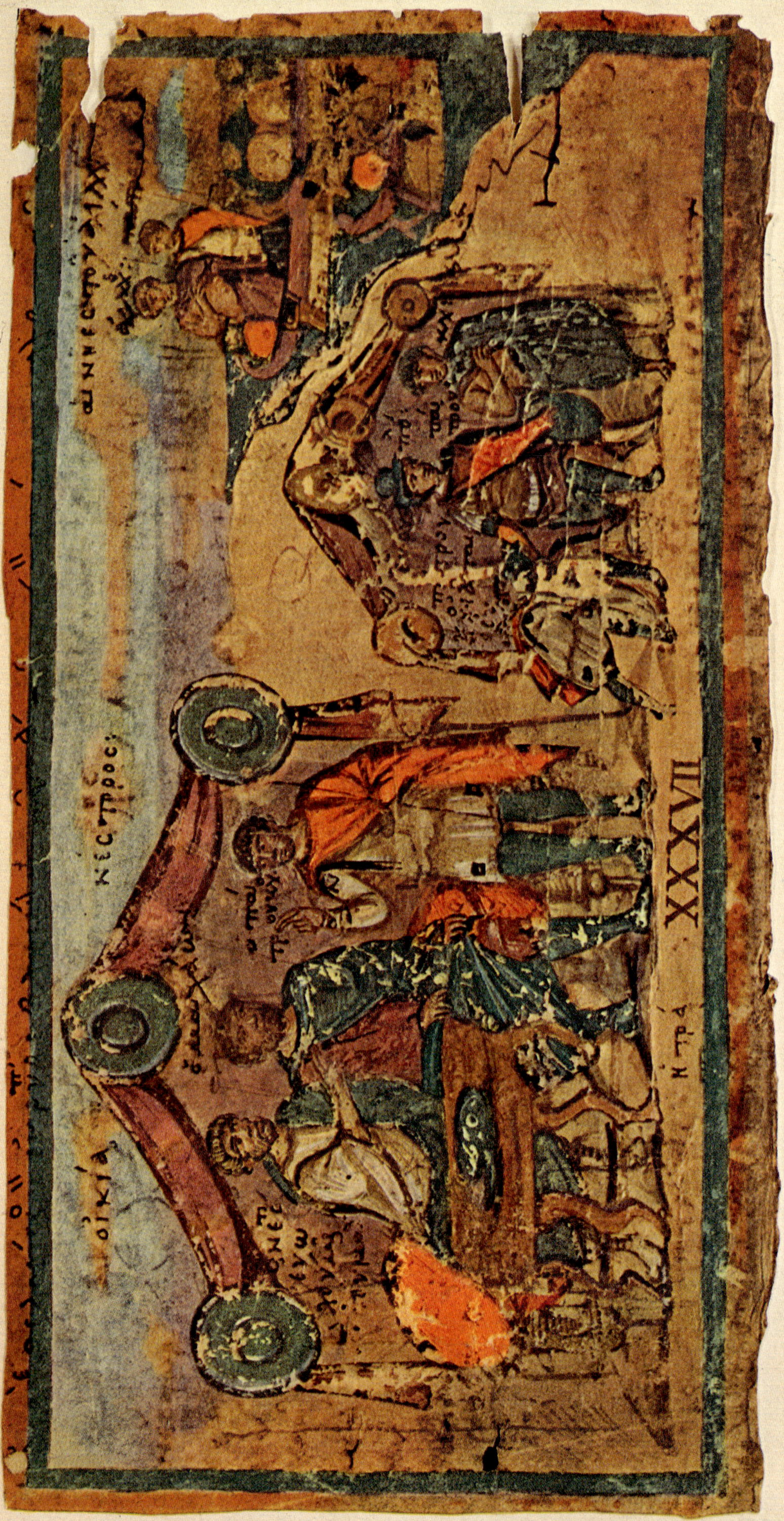
XXXVII

10 Nestor und Patroklus

Drei Szenen aus Buch XI sind innerhalb des Bildrahmens zusammengedrängt; ihre Anordnung erklärt sich nicht als logische Abfolge, sondern lediglich als bestmögliche Nutzung des begrenzten Raumes. Oben rechts sieht man »Achilleus . . . / Stand er doch hoch auf dem Hinterverdeck des mächtigen Schiffes / Schaute hinab auf die drohende Not und der Fliehenden Jammer . . .« (599 ff.). Als nächstes folgt die Szene links, deren Figurenmaßstab der Künstler vergrößert hat, um sie als die nach seiner Empfindung wichtigste zu kennzeichnen. Hier wendet sich Patroklus, der sich nicht niedersetzen will, an den mit Machaon in seinem Zelt hinter einem Tisch sitzenden Nestor (648 ff.). Die weißen Tuniken der beiden Protagonisten und das Orange im Mantel des Patroklus sowie in dem Kissen sind meisterhaft gesetzte Farbakzente. Rechts daneben ist eine ähnlich komponierte Zeltszene in stark verkleinertem Maßstab gegeben; sie zeigt Patroklus, der dem von einem Pfeil in die Hüfte getroffenen Eurypylus beisteht (842 ff.). Die dritte Figur, die wie Achilles aussieht, erscheint im Text nicht, dem die Miniatur im ganzen sehr genau folgt.
Während das System der Illustration wie in der Dolon-Episode (Taf. 7) das System der Papyrusrollen spiegelt, in deren Schriftkolumnen jede der drei Szenen leicht eingefügt werden könnte, ist der Stil dieser Miniatur der fortschrittlichste. Zeigten die drei bisher untersuchten Miniaturen trotz ihrer Abhängigkeit von verschiedenartigen Vorbildern eine homogene Behandlung der Figuren mit lebhaften, oft übertriebenen Bewegungen, so bevorzugt der Künstler unserer Miniatur steife, frontale Figuren und nimmt damit Charakteristika vorweg, auf denen der Stil des Mittelalters aufbauen wird. [pict. XXXVII]

Vergilius Romanus

Rom, Biblioteca Vaticana, Cod. lat. 3867
309 Blatt 332 x 323 mm

Die Handschrift befand sich bis zum 15. Jahrhundert in Saint-Denis. Wann sie in den Vatikan gelangte, ist noch nicht geklärt.

11 Erste Ekloge

Während die Illustrationen des Vergilius Vaticanus (Taf. 1-4) und der Mailänder Ilias (Taf. 7-10) noch tief in der klassischen malerischen Tradition verwurzelt sind, beginnt mit den Miniaturen des Vergilius Romanus ein Prozeß der linearen Abstraktion der Figurenzeichnung und des Verzichts auf natürliche räumliche Beziehungen.

Die erste Miniatur, die der ersten Ekloge vorgestellt ist, zeigt noch Spuren des klassischen Stils: der Kuhhirte Tityrus sitzt links im Bild unter einem ausladenden Baum und bläst friedlich auf seiner Flöte; hinter dem Baum lugen drei Kühe hervor. Der Ziegenhirte Meliboeus führt, dem Text getreu, eine der Ziegen beim Horn. Einige andere Ziegen schauen hinter einem zweiten Baum auf der rechten Seite hervor – offensichtlich ein fast verzweifelter Versuch des Künstlers, den Anschein einer räumlichen Anordnung zu erwecken. Gleichzeitig aber zeigt das Fehlen einer Rahmung, in diesem Codex einmalig, eine gewisse Bindung an die Tradition der Papyrus-Illustrationen.

Zwar handelt es sich einerseits um eine anspruchsvolle Handschrift, die in einer kunstvollen Unziale von doppelter Größe geschrieben ist, andererseits aber von Künstlern illustriert wurde, die die Schwächen in der Zeichnung des menschlichen Körpers durch ungewöhnlich große Proportionen auszugleichen versuchen und dadurch den Miniaturen eine Monumentalität verleihen, die in Kontrast zur Intimität der Themen steht.

Der Künstler dieser ersten Illustration bewahrt noch eine gewisse Treue gegenüber natürlichen menschlichen Proportionen sowie Freiheit der Bewegung und Gestik. Bei der zweiten Miniatur sehen wir einen anderen Künstler von völlig unterschiedlicher Herkunft und Ausbildung am Werk. [fol. 1r]

12 Georgica

Bei der zweiten Miniatur zu den Eklogen finden wir einen Stil, der von dem der ersten sehr verschieden ist und der sich auch in den Georgica und der Aeneis fortsetzt. In einer ganzseitigen Illustration zum dritten Buch der Georgica sind zwei Hirten zu sehen, von denen einer sitzend Flöte spielt, indes der andere auf seinen Stab gestützt zuhört. Sie gehören zu den Grundtypen des bukolischen Repertoires, wie sie auf zahlreichen Sarkophagen und auch anderenorts zu finden sind, und sie beziehen sich in keinem besonderen Merkmal auf die Passage der Georgica, zu der diese und eine ähnliche Miniatur auf der gegenüberliegenden Seite gehören.
Es gibt keine Bodenlinie: Die Menschen und Tiere sind schwebend und gleichmäßig über die Fläche verteilt, deren gelbliche Färbung jegliche Vorstellung einer Naturszenerie verwehrt. Überschneidungen sind mit großer Sorgfalt vermieden; eine Hütte, einige wenige Büsche und Blumen sind in gleichmäßigen Abständen auf der Fläche verteilt und ergeben ein teppichähnliches Muster. Eine solche Verteilung einzelner Elemente ist in den spätantiken Fußbodenmosaiken sehr gebräuchlich, und es erscheint daher naheliegend, daß sie dem Miniaturisten in seinem Bestreben nach Monumentalität und flächigem Muster als Vorbild dienten.
Verglichen mit den Hirtenfiguren der vorhergehenden Miniatur, ist die Körperstruktur aufgeweicht. Die Gewänder sind linearer und abstrakter behandelt und unterstreichen die parallelen, rhythmischen Kurven der Falten. Das Dreiviertelprofil der Gesichter wurde durch ein leicht stilisiertes Profil ersetzt. In der Entfernung von der klassischen Tradition und der Hinwendung zu expressiver Linearität zeigt sich die Mentalität eines Künstlers, der nicht so sehr Naturnähe der Darstellung als dekorative Qualitäten anstrebt. [fol. 44 v]

13

13 Aeneas und Dido beim Festmahl

Um von Aeneas mehr über die Zerstörung Trojas zu erfahren, bereitet die verliebte Dido ein Festmahl (IV, 77 ff.). Im Gegensatz zum Text des Vergil, der hauptsächlich die Gefühle der unglücklichen Dido beschreibt, zeigt die Miniatur die Tafelnden in steifer, zeremonieller Pose. Dido sitzt mit Krone und Juwelen geschmückt in der Mitte, links flankiert von Aeneas. Rechts von ihr lagert ein zweiter Trojaner, der wie Aeneas eine phrygische Mütze trägt, im Text jedoch nicht erwähnt ist. Er wurde offensichtlich (wie die dem Aletes entsprechende Figur in Taf. 4) aus Gründen der Symmetrie hinzugefügt. Der Künstler scheint über eine nur begrenzte Erfahrung in der Zeichnung des menschlichen Körpers zu verfügen: Er ist unfähig, das Problem der gewundenen Haltung der lagernden Figur rechts zu lösen. Aber was ihm an Verständnis für die Struktur des menschlichen Körpers mangelt, ersetzt er durch den lebendigen, schwingenden Rhythmus der Gewänder. Er ist kein untalentierter Künstler, vielmehr gilt sein Hauptinteresse etwas anderem, nämlich der Ornamentalisierung. Man sieht, daß der hier dargestellte Raum des Palastes (im Gegensatz zu Taf. 3) durch Draperien, die vom Rahmen herabhängen, in drei Abschnitte aufgeteilt ist, in welche die drei Figuren eingefügt sind. Diese lagern auf einer Bank mit Überwurf in gleichmäßig drapierten Faltenmustern; in der geometrischen Mitte des Bildes ist ein Tisch in die Bank eingepaßt, dessen Deckplatte wie ein Cabochon wirkt. Die genaue Symmetrie der Komposition ist noch verstärkt durch die beiden Diener in strenger Profilansicht, die den Wein bringen. Ebenso abstrakt ist die Farbgebung und die Aufteilung der Farben in drei Zonen: Gelb für den Fußboden, Purpur für die Draperie der Liegebank und Grün für die Wand. Ausgehend von der Miniatur in den Georgica (Taf. 12), hat der Künstler einen stetigen Fortschritt in der Abstraktion der Zeichnung gemacht.

[fol. 100 v]

14 Aeneas und Dido in der Höhle

Eine der dramatischsten Episoden der Aeneis, in deren Verlauf Dido und Aeneas, vom Gewitter überrascht, in einer Höhle Zuflucht suchen (IV, 160 ff.), wird hier in der für unseren Illustrator typischen Art behandelt: Indem er die Bildfläche in vier Abschnitte von ungleicher Gestalt aufteilt, will er den Eindruck mechanischer Vierteilung vermeiden. Unten rechts umarmen sich Dido und Aeneas in einer Weise, die klar zeigt, wer der aggressivere von beiden ist. Sie sitzen frontal in einem Gebilde, das mehr an eine Schachtel als an eine Höhle erinnert. Links von ihnen stehen ihre Pferde an einen Baum gebunden; sie sind in verkleinertem Maßstab gegeben und durch die als Raumfüllung unter ihren Hufen eingesetzten Pflanzen gleichsam vom Boden abgehoben. Dicke Regentropfen fallen vom Himmel, und ein Soldat im oberen linken Viertel schützt sich davor, indem er seinen Schild über den Kopf hält – ein realistisches Detail von suggestiver Wirkung. Der vierte Abschnitt oben rechts wird durch einen trojanischen Soldaten ausgefüllt, dargestellt in der traditionellen Haltung eines Wachtpostens, allem Anschein nach unbeeindruckt durch das Unwetter. Er sitzt über der Höhle, obwohl man ihn eher an deren Eingang vermuten würde. Der Künstler hat auf die Darstellung räumlicher Beziehungen verzichtet und zeigt damit wie in der Szene aus den Georgica (Taf. 12) seine Absicht, jede Einzelheit im gleichen Abstand vom Betrachter zu zeigen.

Die besonderen Ausdrucksqualitäten der Miniatur liegen in dem kräftigen Kontur der Figuren und der dekorativen Zeichnung der Draperien, Qualitäten, die an Holzschnitte späterer Jahrhunderte erinnern. Da die Handschrift in keiner genetischen Beziehung zu anderen steht, konnte ihre Entstehungszeit bis jetzt nur vage auf die Zeitspanne vom 5. zum 6. Jahrhundert festgelegt werden. Aufgrund des paläographischen Befundes wurde eine Datierung in die zweite Hälfte des 5. Jahrhunderts vorgeschlagen. [fol. 108 r]

15

Wiener Dioskurides

Wien, Österreichische Nationalbibliothek, Cod. med. gr. 1
491 Blatt 360/370 x 300 mm

Die Handschrift wurde in der Mitte des 14. Jahrhunderts von dem Mönch Neophitos im Johannes-Prodromos-Kloster in Petra, Konstantinopel benutzt und abgeschrieben. Nach der Eroberung im Jahre 1453 war sie im Besitz orientalischer und jüdischer Ärzte. Der Sohn Hamons, des Arztes von Sultan Suleiman II., verkaufte sie 1569 an Kaiser Maximilian II., und zwar durch Vermittlung des Diplomaten und Sammlers Augerius Busbeck, der kaiserlicher Gesandter in Konstantinopel gewesen war.

15 Anicia Juliana

Dieses luxuriös ausgestattete Herbarium enthält die älteste bekannte Dedikationsminiatur. Sie zeigt die Prinzessin Anicia Juliana in einem achtstrahligen Stern, der von einem Kreis umfaßt wird; Stern und Kreis sind aus geschlungener Kordel gebildet. In steifer zeremonieller Haltung, gekleidet in eine goldschraffierte Trabea, die den zeitgenössischen Hofstil spiegelt, sitzt die Prinzessin auf einem gepolsterten Thron. Sie teilt Münzen aus und hält den Codicillus, der sie als Mitglied des Patriziats ausweist. Flankiert wird sie links von der Magnimitas, die ebenfalls Goldmünzen in ihrem Schoß hält, rechts von der Prudentia, die auf ihrem angehobenen Knie einen Codex als Symbol für Anicias Bildung stützt. Eine dritte Personifikation, die als ›Dankbarkeit der Künste‹ bezeichnet ist, kniet zu Füßen der Prinzessin. Sie und ein Putto mit der Dedikationsurkunde in Händen spielen auf Anicias Gründung einer Kirche in den Vorstädten von Konstantinopel an, deren Bürger durch die Überreichung dieser Handschrift ihre Dankbarkeit bezeugen. Die äußeren Felder sind nach hellenistischer Manier in Grisaille ausgeführt und zeigen als Maurer und Zimmerleute arbeitende Putti, ähnlich denen im Haus der Vettier in Pompeji. Auch sie sind als Hinweis auf Anicias Baupatronat zu verstehen. Die Kirche, auf die sich die Dedikationsinschrift bezieht, wurde 512/13 errichtet. Die Handschrift muß demzufolge kurz vorher geschrieben worden sein.
Die Miniatur ist eine Neuschöpfung und spiegelt den verfeinerten Stil Konstantinopels, der den zeremoniellen Charakter des kaiserlichen Hofstils mit der klassischen Tradition verbindet, obwohl die Prinzessin eine fromme Christin war. Die antike Tradition wirkt besonders in den Personifikationen nach, vor allem dem Putto mit dem Buch und den Putti in den Grisaillefeldern. [fol. 6v]

γαληνος
διοσκουριδης
ρουφος

16 Sieben Pharmakologen

Die Serie von Frontispizen beginnt mit zwei Sammelbildern, die beide je sieben berühmte Pharmakologen zeigen. Der prominenteste im zweiten Bild ist Galenus: Er sitzt als einziger auf einem Stuhl mit Lehne in der Mitte, flankiert von Krateuas zur Rechten und Dioskurides zur Linken, die beide eine Hand im Redegestus erhoben haben. Das Paar der Mittelzone ist Apollonius Mys und Nikander. Da eine Paraphrase der Abhandlung Nikanders über Schlangenbisse einen Teil des Wiener Codex bildet (Abb. VII), hält er einer Schlange eine Pflanze hin. Ganz unten sitzen Andreas sowie Rufus, der angebliche Autor des ›Carmen de herbis‹ (Taf. 19). Auswahl und Gruppierung der sieben Pharmakologen sind offensichtlich durch die Vorstellung der Sieben Weisen inspiriert, wie sie auf antiken Fußbodenmosaiken auf einer halbkreisförmigen Bank sitzend erscheinen. Die Komposition unserer Miniatur kann jedoch nicht von solchen Vorbildern abhängig sein: Sie ist offensichtlich aus einzelnen, selbständigen Porträts zusammengesetzt. Da für die Stühle nicht genug Raum war, sitzen die Figuren auf Marmorplatten oder Felsbrocken. Für die meisten, wenn nicht sogar für alle, müssen Vorbilder in Form von Frontispizen zu ihren Abhandlungen existiert haben. Es ist bemerkenswert, daß die beiden Bilder mit den versammelten Pharmakologen die frühesten uns bekannten Miniaturen sind, in denen Figuren sich von einem durchgehenden Goldgrund abheben. Es besteht kein Zweifel, daß sie von demselben Künstler ausgeführt wurden, der die Dedikationsminiatur malte. Er war offensichtlich in der Lage, je nach Vorbild in verschiedenen Stilen zu arbeiten, und führte Neuerungen ein, die den Weg zu einer abstrakteren Raumvorstellung weisen, wie etwa der Goldgrund, während die einzelnen Porträts (Taf. 17) den klassischen Stil bewahren. [fol. 3 v]

17

17 Dioskurides

Das zweite der beiden Autorenporträts zeigt Dioskurides in Profilansicht; er sitzt und schreibt in einem Codex, den er auf seinem Schoß hält. Der feingeschnittene Kopf mit dem braunen Haar und spitzem Bart entspricht demjenigen in der vorhergehenden Miniatur, so daß man die Möglichkeit einer echten Porträttradition durchaus in Betracht ziehen kann. Vor ihm sitzt ein jugendlicher Maler in Arbeitskleidung auf einer niedrigen Bank, wodurch er in seinem sozialen Status von dem Gelehrten deutlich differenziert ist. Auf seiner Staffelei ist mit Reißzwecken ein großes viereckiges Pergamentblatt von der Art des vorliegenden Codex befestigt. Darauf malt er eine Mandragora, eine Wurzel von menschlicher Gestalt. Er malt sie nach der Natur, indem er über die Schulter zurück auf eine Wurzel in der Hand der Epinoia (›Macht des Gedankens‹) blickt. Sie ist in einen goldschraffierten Chiton gekleidet und trägt über Schulter und Arm einen tiefblauen Schal, der stärkste Farbakzent des Bildes. Der Hintergrund, eine Kolonnade mit einer Nische in der Mitte, erinnert an die Scenae frons des Theaters – eine häufig benutzte Formel, die zwar nicht mit der Vorstellung einer Malerwerkstatt vereinbar ist, hier jedoch wohl aus Gründen dekorativer Prachtentfaltung eingefügt wurde.

Hier wie auch in dem ersten Autorenporträt, wo der Gelehrte mit einer ähnlichen Personifikation gezeigt wird, die als Heuresis (›Erfindung‹) bezeichnet ist, sieht man die unheimliche Mandragora über einem Hund dargestellt, der einer bei Dioskurides jedoch nicht wiedergegebenen Legende zufolge stirbt, weil er die Wurzel ausgegraben hat.

In der griechisch-römischen Kunst gibt es in Marmorreliefs, Fresken oder Mosaiken eine Tradition der Darstellung von Dichtern und Schriftstellern, die von einer Muse inspiriert werden. In solchen Bildern fand unser begabter Illuminator sein Vorbild. [fol. 5 v]

18 Veilchen

Die wenigen noch vorhandenen illustrierten Papyrus-Herbarien lassen auf folgendes allgemein angewandtes Illustrationssystem schließen, das auch in späteren Codices überlebt hat: Über der Schriftkolumne war die Pflanze zu sehen, und darunter stand der sie betreffende erklärende Text. Es ist völlig ungewöhnlich, daß jeder Pflanze eine ganze Seite von beträchtlicher Größe (37 x 30 cm) gewidmet ist wie in dem prächtigen Wiener Codex. 383 Pflanzenbilder (von ursprünglich 435) sind erhalten und künstlerisch klar in zwei Gruppen zu teilen: eine naturalistische, die zweifelsohne ein älteres, klassisches Vorbild sehr genau kopiert, und eine andere, vergleichsweise abstraktere Gruppe.
Das Bild des Veilchens (viola odorosa) gehört zur ersten Gruppe und ist nicht nur durch seine naturgetreue Darstellung, sondern auch durch die graziöse und elegante Zeichnung hervorragend. Dies ist um so erstaunlicher, als es sich um eine Kopie handelt, wozu Plinius (Naturalis Historia XXV.IV.8) feststellt, daß die Kopie »durch die verschiedenartige Geschicktheit der Kopisten vielfach verdorben wird«.
Darüber hinaus muß daran erinnert werden, daß solche Pflanzenbilder weder ausschließlich zum ästhetischen Genuß noch aus rein wissenschaftlichem Interesse gemalt wurden, sondern ganz pragmatisch der Bestimmung von Pflanzen durch den Pharmakologen dienten. Das Veilchen hat, wie Dioskurides feststellt, »kühlende Eigenschaften ... hilft bei Brennen im Magen und Entzündungen des Auges ... und man sagt, daß der purpurne Teil der Blume ... bei epileptischen Anfällen, die Kinder überkommen, hilft«. [fol. 148 v]

19

19 Koralle

Im Wiener Codex folgt auf das Herbarium des Dioskurides ein Fragment des ›Carmen de viribus herbarum‹ in Hexametern, das dem Rufus von Ephesus zugeschrieben wird, eben jenem Pharmakologen, der in dem zweiten Frontispiz unten rechts dargestellt ist (Taf. 16). Von den sechzehn in diesem Fragment beschriebenen Pflanzen ist nur eine in einer anspruchsvollen, ganzseitigen Miniatur illustriert, und zwar die Koralle, auch See-Eiche oder See-Baum genannt, die die antike Wissenschaft als Pflanze klassifizierte.

Anstatt die Koralle auf dem Grund des Meeres darzustellen, läßt sie der Illustrator – wohl, um sie voll sichtbar zu machen – aus dem Meer oder eigentlich aus einem Teich mit einigen das Ufer markierenden Felsen emporwachsen. Durch die üppigen Verästelungen, die den Eindruck eines Spinngewebes oder eines feinen Netzes erwecken, und die dynamische, wie Flammen züngelnde Zeichnung hat der Illustrator in ausgewogener Weise Naturalismus und Ornamentalisierung miteinander verschmolzen. Die Koralle ist jedoch hier braun und nicht rot; dies kann als Hinweis darauf verstanden werden, daß der Künstler sie nicht nach der Natur malte, sondern nach einer Vorlage, die noch tief in der klassischen Bildwelt verwurzelt war. Der Teich ist wie ein Aquarium mit einer Vielzahl verschiedenartigster Meerlebewesen angefüllt, was voraussetzt, daß der Künstler irgendeine spezielle Abhandlung über Fische gekannt haben muß. Aus einer anderen Vorlage kopierte er die Personifikation des Meeres mit den Hummerscheren im Haar. Sie weist auf die Koralle und lehnt sich mit einem Ruder in der Hand an ein Meerungeheuer, das die Gestalt des Sternbilds Cetus hat und aus einer astronomischen Abhandlung kopiert sein könnte. Die enge Verbindung zwischen Wissenschaft und Dichtung ist so einerseits im Text durch den Gebrauch des Hexameters, andererseits im Bild durch die mythologischen Hinzufügungen angezeigt.

[fol. 391 v]

20 Vögel

Ebenfalls dem Wiener Codex beigefügt ist die Paraphrase einer ornithologischen Abhandlung von einem gewissen Dionysius, vermutlich Dionysius von Philadelphia. Es handelt sich hier um die älteste Abhandlung dieser Art mit Illustrationen von Vögeln, die zum größten Teil in Zeichnung und Farbe naturgetreu und von hoher künstlerischer Qualität sind. In den ersten beiden Büchern der Abhandlung sind die Vögel ohne Rahmen oder Hintergrund in die Schriftkolumnen eingeschaltet, während sie im dritten Buch auf einer ganzen Seite zusammengefaßt und in einem Raster von vierundzwanzig Quadraten arrangiert sind. Dieses dritte Buch enthält eine didaktische Abhandlung über die Jagd und behandelt die Vögel, die man mit Leimrute, Schlinge, Netz oder Falle fängt. Die meisten Vögel auf dieser Seite sind leicht zu identifizieren, so in der ersten Reihe Strauß, Bussard, vermutlich ein Sumpfhuhn, ein Rebhuhn usw. Einige sind freilich nicht einmal in dem erläuternden Text erwähnt, und so muß man wohl annehmen, daß die Illustrationen auf eine ältere, umfassendere Abhandlung zurückgehen, die von einigen Gelehrten als diejenige des Alexander von Myndos identifiziert wird.

Anordnungen in einem solchen Netzmuster findet man auch in spätantiken Fußbodenmosaiken, wo dieses Dekorationssystem besonders passend erscheint, so in Antiochia und anderen Orten. Ob aber solche Sammelbilder in einer Handschrift entstanden und durch die Mosaizisten adaptiert wurden oder ein umgekehrtes Abhängigkeitsverhältnis vorliegt, ist schwer zu entscheiden. Es besteht jedenfalls kein Zweifel, daß der Wiener Dioskurides in allen seinen Teilen unser bester Zeuge für die hochentwickelte klassische Tradition einer ausgezeichneten wissenschaftlichen Illustration ist. [fol. 483 v]

21

Cotton-Genesis

London, British Library, Cod. Cotton Otho B VI
294 Blatt annähernd 273 x 222 mm

Die Handschrift wurde König Heinrich VIII. von zwei Mönchen aus Philippi zum Geschenk gemacht. Im 17. Jahrhundert war sie im Besitz von Sir Robert Cotton. Cotton lieh sie 1618 Nicholas-Claude Fabri de Peiresc, der eine Kupferstich-Ausgabe von ihr machen wollte (siehe auch Abb. XI). 1730 kam die Cotton Library ins Ashburnham House in Westminster, das 1731 in Brand geriet. Von der Cotton-Genesis blieben nur rund 150 fragmentarische Stücke übrig. Diese gingen 1753 in die Bestände des damals gegründeten British Museum über.

21 Abraham mit Engeln

Unter den nach dem Brand in der Cotton-Bibliothek von 1731 verhältnismäßig gut erhaltenen Fragmenten der Cotton-Genesis befindet sich ein Bild, das Abraham darstellt, wie er mit den Engeln über die Rettung von Sodom und Gomorrha disputiert (Genesis 18,23-32). In eine kurze weiße Tunika mit einer roten Schärpe gekleidet – keineswegs wie ein Patriarch in langem Gewand –, jedoch mit weißen Haaren, geht Abraham mit weitausholendem Schritt und lebhaften Gesten, die die Dringlichkeit seiner Argumente ausdrücken, auf die Engel zu. Die nimbierten Engel schreiten ihm in hieratischer Haltung gemessenen Schrittes entgegen. Nur der erste der ursprünglich drei Engel ist völlig erhalten. Er ist, wie es sicherlich alle waren, in eine goldschraffierte Tunika und die kaiserliche Purpurchlamys mit goldenem Tablion und purpurrote Schuhe gekleidet, vergleichbar den Erzengeln im Mosaik von San Vitale in Ravenna. Die geraden Konturen und flachen Körper unterstreichen ihre Unkörperlichkeit im Gegensatz zu dem bewegten Kontur und der plastischen Behandlung der Abrahamsfigur. Die meisterhafte Behandlung abstrakterer Formen tritt in der konischen Form des Berges hinter Abraham sowie den blauen und rosa Streifen des Himmels, die scharf voneinander abgesetzt sind, voll zutage.

Der Miniatur gehen zwei Szenen voraus, in denen die Zusammenkunft Abrahams mit den Engeln bei Mamre geschildert wird, und ihr folgt eine Szene, in der Abraham, da seine Argumente erfolglos blieben, die Engel verläßt. Die Miniatur bildet so ein Bindeglied in einer Kette erzählender Szenen. Es ist bezeichnend, daß der Mosaizist von San Marco, der dieses Manuskript als Vorlage benutzte, nur die Mamre-Szenen kopiert hat, die wichtiger als diese Miniatur sind. [fol. 26v]

22 Lots Haus

Normalerweise sind die Miniaturen dieser Handschrift in den Text eingeschoben, der in regelmäßiger Unzialschrift in einer Kolumne angeordnet ist. Für einige komplexere Szenen verwendete der Künstler jedoch eine ganze oder fast eine ganze Seite, wie in diesem Fall, wo nur fünf Zeilen am Kopf der Seite stehen. Die Miniatur stellt die Szene dar, in der die Sodomiten Lot mit drohenden Gebärden angreifen und fordern, daß er ihnen die beiden Männer ausliefere, denen er Gastfreundschaft gewährt hat (Genesis 19,4-11). Der Künstler wählte den höchst dramatischen Moment, in dem einer der beiden Gäste (die eigentlich Engel sind) Lot am Handgelenk packt und ihn ins Haus zurückzieht, dessen geöffnete Tür zu sehen ist. Der zugreifende Arm ist alles, was von diesem Engel erhalten ist; von dem anderen ist nichts mehr zu sehen. Auf einem schmalen Streifen darunter wird eine bereits weiterführende Szene gezeigt: die Bestrafung der Sodomiten durch Blindheit, dargestellt durch zwei Männer, die zu Boden gestürzt sind. Mit dieser Formel versuchte der Künstler den Satz zu veranschaulichen, »sie mühten sich umsonst ab, die Tür zu finden«.

Der Maler gebrauchte für die beiden Hauptfiguren, Lot und den vordersten Sodomiten, dieselben Farben: Weiß für die langen Tuniken und Rot für die Mäntel; der von rückwärts gesehene Sodomit hingegen trägt braune und grüne Gewänder. Die meisten Gewänder sind mit schweren goldenen Linien schraffiert, was in der ganzen Handschrift vielfach und in weit stärkerem Ausmaß auftritt als im Vergilius Vaticanus und in der Quedlinburger Itala (Taf. 4, 5). Die Tendenz zur Verflachung und Dehnung der Körper, die schon in einigen Miniaturen der Mailänder Ilias (Taf. 8, 10) beobachtet werden konnte, ist hier noch verstärkt. Die Köpfe mit den niedrigen Stirnen und intensiven Augen erinnern an die Wagenlenker des Papyrus (Taf. 6). In diesen beiden Zügen sind ägyptische Elemente zu erkennen.

[Bristol IV v]

22

Wiener Genesis

Wien, Österreichische Nationalbibliothek, Cod. theol. graec. 31
279 Blatt 304/326 x 245/265 mm

Im 14. Jahrhundert befand sich die Handschrift in Venedig. Aus der Sammlung des 1662 verstorbenen Erzherzogs Leopold Wilhelm kam sie 1664 in die Hofbibliothek in Wien.

23 Sintflut

Die Wiener Miniaturen haben trotz ihrer gegenüber der Cotton-Genesis vermutlich etwas späteren Entstehungszeit jene Ausprägung des klassischen Stils, die dem Impressionismus ähnelt, besser bewahrt. Dies fällt besonders in dem Bild mit der Sintflut (Genesis 1, 17ff.) ins Auge, das die untere Hälfte der Seite – die Fläche, die auf jeder Seite der Illustration vorbehalten ist – vollständig einnimmt. Die obere Hälfte enthält den oftmals gekürzten Text, in prunkvoller Silberunziale auf Purpurgrund geschrieben.

Die dreistöckige Arche in der Mitte wird von den Wogen halb überschwemmt, während heftiger Regen aus einem schmalen Himmelsstreifen niederströmt. Zwei noch um ihr Leben kämpfende und ein drittes, bereits totes Opfer sind, soweit sie sich über Wasser befinden, in hellen Fleischfarben, die schon untergegangenen hingegen grau dargestellt. Der Illustrator zeigt die Opfer in verschiedenen, manchmal gewagt verkürzten Stellungen: Eines liegt auf dem Rücken und hat die Beine eng an den Leib gezogen; ein anderes ist jäh kopfüber gestürzt. Um den Kampf mit dem Wasser mit Dramatik zu erfüllen, sind einige schlaff und tot dargestellt, während andere, wie der Junge rechts, der eine Frau umfaßt, sich verzweifelt ans Leben klammern.

Die Verwendung einer großen Bildfläche für die Darstellung der Sintflut teilt die Wiener Genesis mit dem Ashburnham-Pentateuch (Taf. 45), zu dem jedoch ikonographisch keine Beziehung besteht.

An dieser Handschrift haben drei verschiedene Illuminatoren mit jeweils einem Schüler gearbeitet; der erste von ihnen, der Maler der Sintflut, wurde ›der Miniaturist‹ genannt. [pict. 3]

24 Rebekka und Eliezer

Das Prinzip der fortlaufenden Erzählung, das den Genesis-Zyklus beherrscht, ist bei der Begegnung Eliezers mit Rebekka höchst wirkungsvoll genutzt. Diese Geschichte aus der ersten Hälfte des Kapitels 24 ist in nicht weniger als acht Szenen illustriert, die auf drei Miniaturen mit jeweils zwei übereinanderliegenden Zonen verteilt sind. In der ersten Miniatur wird Eliezer von Abraham fortgeschickt, macht sich mit zehn Kamelen auf den Weg und erreicht den Brunnen außerhalb der Stadt Nahor; in der zweiten erscheint Rebekka und reicht ihm Wasser; in der dritten schließlich blickt Eliezer Rebekka an, gibt ihr einen Ring, und sie spricht darauf mit ihren Eltern in deren Haus.

Während in der ersten und der dritten Miniatur die beiden Zonen voneinander getrennt sind, versucht der Künstler in der hier abgebildeten zweiten, sie in einer Ebene zu vereinen. Rebekka, in ein rosa Gewand gekleidet, hat Nahor, eine typisch hellenistische, von Mauern umgebene Stadt, gerade verlassen und geht den Hügel hinab auf einer von Kolonnaden begrenzten Straße, die eine scharfe Biegung macht. In der Kurve lehnt sich eine halbbekleidete Nymphe, deren Beine mit einem purpurnen Gewand bedeckt sind, nach antiker Weise auf eine Wasserurne. Das Wasser der Urne sickert in einen Fluß, der einen Trog speist, aus dem Rebekka Wasser geschöpft hat. In sehr realistischer Haltung setzt sie ein Bein auf den Rand des Troges und gibt Eliezer, der »ihr entgegenlief«, aus demselben Krug zu trinken, den sie in der oberen Szene auf ihrer Schulter trägt. Dem durstigen Eliezer folgen seine gleichfalls dürstenden zehn Kamele. Diese dem vorher schon genannten ›Miniaturisten‹ zugeschriebene Miniatur hat einen bukolischen Charme, der tief in der klassischen Tradition verwurzelt ist. [pict. 13]

23

25 Josephs Aussendung

Wie in der Literatur die Josephsgeschichte oft paraphrasiert und mit legendären Einzelheiten ausgeschmückt wurde, hat auch der Illustrator der Wiener Genesis den ausführlichen Josephszyklus um Elemente bereichert, die im Bibeltext nicht enthalten sind. Viele dieser Elemente sind neuerdings durch jüdische Legenden erklärt worden, und man hat vermutet, daß sie sich aus der jüdischen Buchmalerei herleiten, seit mit den Fresken der Synagoge von Dura der Beweis für die Existenz jüdischer darstellender Kunst schon für das 3. Jahrhundert erbracht ist.
Die Episode von Joseph, der nach Sichem gesandt wird (Genesis 37, 14 ff.), ist in vier Szenen dargestellt, wobei jede ein Viertel der Bildfläche füllt. In der ersten wird Josephs Abschied mit bezaubernder Innigkeit geschildert: Er beugt sich hinunter zu dem kleinen Benjamin, um ihn zum Abschied zu küssen, während Jakob, in einem Lehnstuhl sitzend, Joseph zart am Kinn berührt. Die Frau hinter Joseph ist durch den Bibeltext nicht erklärt; einige haben sie als Leah identifiziert, aber wahrscheinlich handelt es sich um »Bilhah, Rachels Dienerin, die ihn [Joseph] wie eine Mutter großgezogen hatte«, wie es in den Midrashim erzählt wird. Beim Weggehen in der nächsten Szene wendet sich Joseph nach dem weinenden Benjamin um, während ihn ein Engel fortführt. Dieser nicht durch die Bibel erklärte Engel kann nach den Pirke des Rabbi Eliezer mit Gabriel identifiziert werden. Dann folgt eine Szene, in der, dem Bibeltext folgend, ein von hinten gesehener Mann Joseph den Weg nach Dothan weist, wohin seine Brüder gezogen waren. Schließlich sehen wir – die Figuren sind hier stark verkleinert und von der vorhergehenden Szene durch einen Felsen getrennt – Joseph in Sichtweite seiner Brüder ankommen, die aufgeregt auf ihn hinweisen. Der Hund vor der Gestalt des Joseph ist wiederum durch ein Midrash zu erklären: »Laßt uns ihn töten, indem wir die Hunde auf ihn hetzen.« Die kleine Kirche oben auf dem Hügel ist andererseits ein entschieden christliches Detail. Wir haben hier ein Werk des zweiten Künstlers, des sogenannten ›Koloristen‹, vor uns. [pict. 30]

26 Die Versuchung des Joseph

Nach einer Lücke von sechs fehlenden Blättern mit zwölf Miniaturen und zwei- oder dreimal so vielen Szenen wird die Josephslegende mit der Versuchung durch Potiphars Weib fortgesetzt (Genesis 39, 11 ff.). In ein durchsichtiges Gewand gehüllt, sitzt die Verführerin auf der Kante eines vergoldeten Bettes vor einer zweireihigen Kolonnade, die ein prächtiges Palastzimmer andeutet; sie greift nach dem Zipfel von Josephs Purpurmantel, aus dem er herauszuschlüpfen versucht. Daneben erscheint wiederum Joseph mit dem Blick zurück auf die geöffnete Tür, durch die er gerade entkommen ist. Bis zu diesem Punkt entspricht die Illustration dem Bibeltext. Das übrige in der oberen Zone sowie die ganze untere Zone sind Zutaten, die früher als novellistisch angesehen wurden, angesichts der vorhergehenden Miniatur jedoch als Züge jüdischer Legenden interpretiert werden müssen, obwohl in diesem besonderen Fall eine befriedigende Erklärung noch gefunden werden muß. Hier tut sich ein weites Feld für künftige Forschungen auf.

Die Figur oben rechts in einem mit Sternen besetzten Mantel und einer Spindel in der Hand wurde als Astrologe gedeutet, die über die Wiege gebeugte Frau als eine Wiederholung von Potiphars Weib. Sie hält eine Rassel über ein Kind, das aufgrund jüdischer Quellen für Osnath (auf griechisch Asenath) gehalten wurde, eine adoptierte Tochter, die Joseph später heiratete. Auf noch unsicheren Füßen steht die Identifizierung der Figuren der unteren Zone: eine Frau, die ein nacktes Baby hält, und zwei spinnende Frauen, von denen die rechte wie Potiphars Weib in der ersten Szene in ein durchsichtiges Gewand gekleidet ist. Die beiden Bäume können wohl als ›Raumfüllung‹ außer acht gelassen werden.

Auch diese Miniatur ist ein Werk des ›Koloristen‹, der seine malerischen Qualitäten in den transparenten Gewändern mit Erfolg entfaltet. Die leicht geschwungene Haltung der Frau mit dem Kind im Arm hat Parallelen in zeitgenössischen Mosaiken aus Antiochia. [pict. 31]

27

27 Joseph im Gefängnis

Nach einer weiteren Unterbrechung durch fehlende Blätter sehen wir als nächstes Joseph im Gefängnis, wie er die Träume des obersten Mundschenks und Bäckers deutet (Genesis 40,9ff.) – eine Szene, der offensichtlich solche Bedeutung zugemessen wurde, daß der Künstler die gesamte Bildfläche für sie verwandte. Joseph sitzt in der Mitte und verkündet dem Bäcker seine schreckliche Zukunft; dieser macht eine Geste der Trauer oder Verzweiflung, während der Mundschenk seine Arme in Dankbarkeit für die bevorstehende Rettung gen Himmel streckt. Das Gefängnis ist als ein offener Hof dargestellt, in den man aus der Vogelperspektive hineinschaut. Außerhalb des Gefängnisses sitzt vor einer Sonnenuhr der Wachtposten; er wendet sich einer Frau zu, die von hinten an ihn herangetreten ist und ihn offensichtlich um etwas bittet. Im Bibeltext ist sie nicht zu finden, aber in einem Midrash ist die Legende zu lesen, daß Potiphars Weib, hier Zuleika genannt, ihren Mann überredete, Joseph nicht zu töten, weil sie ihm auch noch im Gefängnis nachstellen wollte. Daß Potiphars Weib hier in schlichten Gewändern, brauner Tunika und rötlicher Paenula, dargestellt ist, kann leicht durch ihren Wunsch erklärt werden, während ihrer geplanten Eskapade möglichst unauffällig auszusehen.

Diese Miniatur ist typisch für den Stil des dritten Meisters, der ›der Illusionist‹ genannt wurde, und das mit gutem Grund: Die rasche Pinselführung in den Bäumen hinter der Gefängnismauer kommt impressionistischer Technik nahe.

[pict. 33]

28 Die Segnung Ephraims und Manassehs

Die Segnung Ephraims und Manassehs (Genesis 48, 13 ff.) ist als einzige Szene auf dieser Seite und in monumentalem Figurenmaßstab dargestellt. Sie zeigt den fast blinden Patriarchen Jakob auf einem Thron; er legt seine rechte Hand auf den Kopf des jüngeren Ephraim und die linke auf Manasseh. Joseph, gekleidet in eine Tunika und die kaiserliche Purpurchlamys mit goldenem Tablion, den goldenen Reifen um den Hals, den ihm der Pharao geschenkt hatte, greift berichtigend in die Handlung ein und bemüht sich, Jakobs linke Hand von Manassehs Haupt zu entfernen, damit Manasseh korrekt mit der rechten Hand gesegnet werde. Die Miniatur beschreibt also den Augenblick nach dem eigentlichen Segen, der sehr wahrscheinlich in der vorhergegangenen, verlorenen Miniatur gezeigt war. Hinter Joseph steht seine ägyptische Frau Asenath. In der Bibel wird sie nicht erwähnt; wir haben also wiederum eine der vielen legendären Zutaten vor uns, die für die Josephsgeschichte typisch sind.

Wenn sich der ›Illusionist‹, dem diese Miniatur zugeschrieben wird, auch als sehr begabter Kolorist erweist, so zeigt er doch beträchtliche Schwächen in der Struktur der Körper, verglichen sowohl mit dem ›Miniaturisten‹ als auch dem ›Koloristen‹. Die überdimensionierten Köpfe stehen in Kontrast zu den dürren Beinen, und die beiden Knaben müssen eine leicht schräge Haltung einnehmen, um mit Jakob in ein Dreiecksschema zu passen.

Man würde erwarten, daß eine solche Szene im Inneren eines Hauses stattfände, und tatsächlich versetzen andere Genesis-Zyklen sie in eine architektonische Umgebung. Unser Künstler verlegte jedoch die Szene in eine lichte Landschaft. Die von Grün bis Braun reichende Skala der Berge und der von Rosa zu hellem und dunklem Blau übergehende Himmel verraten seine meisterhafte Beherrschung impressionistischer Technik. [pict. 45]

Evangeliar von Rossano

Rossano in Kalabrien, Erzbischöfliche Bibliothek
188 Blatt 307 x 260 mm

Es ist unbekannt, wie und wann diese Evangelien-Handschrift in den Domschatz von Rossano gelangte. Erstmalig erwähnt wurde sie 1845 von Cesare Malpica, einem neapolitanischen Journalisten.

29 Erweckung des Lazarus

Die erste ganzseitige Miniatur in dem Purpurevangeliar von Rossano stellt die Auferweckung des Lazarus in allen Einzelheiten nach dem Johannesevangelium dar: Die Schwestern des Lazarus haben sich vor Christus zu Boden geworfen, der von seinen Aposteln und Einwohnern der Stadt umgeben ist. Neben dem im geöffneten Grab wie eine Mumie eingewickelten und aufgerichteten Lazarus steht ein Diener und hält in sehr realistischer Interpretation des Satzes »Herr, er riecht schon« (Johannes 11,39) seine Nase zu. Darunter sieht man zwei Prophetenpaare, David und Hosea sowie David und Jesaja; sie halten offene Rollen mit Zitaten aus ihren Schriften, die auf Ereignisse des Neuen Testaments vorausweisen, in den Händen.

Die beiden Teile der Miniatur müssen als Ganzes gesehen und durch den liturgischen Gebrauch erklärt werden, demzufolge Psalmverse der Lesung des Tages vorangehen, in diesem Fall derjenigen für den Samstag vor Palmsonntag. Eine derartige Komposition wurde sicher nicht für ein Evangeliar erfunden, sondern spiegelt monumentale Wandmalerei, bei der ausgewählte Szenen aus dem Neuen Testament in einer oberen Zone aneinandergereiht und Propheten mit ihren geöffneten Schriftrollen in einer unteren Zone angebracht sind. Für eine derartige Anordnung bieten die Fresken in Sant'Angelo in Formis, wo die Propheten in den Zwickeln einer Arkade stehen, ein hervorragendes Beispiel. Auch die Menge der Zuschauer in unserer Komposition läßt sich vermutlich auf den Einfluß monumentaler Malerei zurückführen, da eine normale Evangelienszene in einem großen narrativen Zyklus stärker auf die wesentlichen Figuren beschränkt wäre.

Der Künstler zeigt eine besondere Vorliebe für expressive Haltungen und Bewegungen: so die rasche Vorwärtsbewegung Christi, die lebhaften Gebärden einiger Zuschauer und besonders die nach oben deutende Gestik der Propheten. Unter den lebhaften Farben der Gewänder ragt der Goldmantel Christi durch seinen hieratischen und immateriellen Charakter heraus. [fol. 1r]

16
ΒΑΡΑΒ
ΒΑϹ

30 Christus vor Pilatus

Zwei Miniaturen des Rossano-Evangeliars sind von allen anderen unterschieden: Es handelt sich um szenische Illustrationen, die eine ganze Seite füllen und in ihrer oberen Hälfte in der Form eines Halbkreises angelegt sind. Beide sind ähnlich komponiert und offensichtlich Gegenstücke, die in einer der Würde des kaiserlichen Hofes entsprechenden hieratischen Weise die Gerichtsverhandlung vor Pilatus darstellen. Im Zentrum sitzt Pilatus auf einem hohen Thron hinter einem Richtertisch, dem eine besondere Bedeutung zukommt. Nicht wie ein Bösewicht, sondern als der Dux consularis von Palästina voller Autorität blickt er nachdenklich auf den schweigenden Christus, der gerade mit den Hohenpriestern Hannas und Kaiphas den Gerichtssaal betreten hat. Diese Gruppe links hat ihre Entsprechung in einer Gruppe von Hofbeamten, die steif auf der rechten Seite stehen. Das Bild spricht Pilatus ganz offensichtlich von jeder Schuld frei und legt nahe, daß diese den Hohepriestern zuzuschreiben sei.

In Gegensatz zu dieser zeremoniellen Komposition stehen die beiden narrativen Szenen darunter, worin Judas die dreißig Silberlinge an die beiden Hohepriester zurückgibt, und Hannas, der Ältere von beiden, eine spontane Geste des Abscheus macht. In der zweiten Szene erhängt sich Judas.

Die Pilatus-Szene ist offensichtlich von einer kaiserlichen Gerichtsszene inspiriert und der Erzählung der Heiligen Schrift angepaßt. Der übergreifende Bogen legt die Abhängigkeit von einer Nischenkomposition nahe, entweder einem monumentalen Fresko oder einem Mosaik.

Der Künstler setzte sein monumentales Vorbild erfolgreich in das Medium der Miniaturmalerei um. Die weiche Modellierung des Pilatus und der Hohepriester mit ihren anliegenden Gewändern steht in Gegensatz zu den flächigen Chlamides der Hofbeamten und besonders zu dem Goldmantel Christi. Ebenfalls typisch für den Stil des Rossano-Evangeliars sind die orientalisierenden Köpfe einiger Figuren, die man mit dem graeco-syrischen Stil dieser Periode in Zusammenhang bringt.

[fol. 8 r]

31 Christus vor Pilatus

Obwohl auch das zweite Bild mit der Gerichtsverhandlung vor Pilatus in zwei Streifen geteilt ist, stellt es nur eine einzige Szene dar. Pilatus, in derselben würdevollen Haltung wie vorher, ist auf beiden Seiten von dicht gedrängten Gruppen von Juden umgeben, die wild gestikulieren und rufen: »Hinweg mit diesem, gib uns Barabbas!« Der Mörder Barabbas wird gefesselt und, nur mit einem Lendenschurz bekleidet, von zwei Wachen vor Pilatus gebracht, während Christus in würdiger Haltung frei dasteht. Die Gestalten zu seinen beiden Seiten sind Hofbeamte, von denen einer ›Grünende Zweige‹, ein zepterähnliches Symbol seines Königtums, in der Hand hält.

Auch diese Miniatur hat den Charakter einer monumentalen Komposition weitgehend bewahrt. Die Art, wie die Juden an die halbkreisförmige Linie gedrängt sind, wobei die weiter entfernten erhöht gezeigt sind, läßt den Schluß zu, daß in diesem Fall das Vorbild nicht eine flache Nische, sondern eine Apsis war. Es ist überzeugend darauf hingewiesen worden, daß das Praetorium, die Halle, in der das Urteil des Pilatus tatsächlich stattfand und die schon in der ältesten Beschreibung der Heiligen Stätten Jerusalems durch den Pilger von Bordeaux (333 n. Chr.) erwähnt wird, monumentale Szenen aus der Pilatusgeschichte besaß.

Wenn wir die Komposition dieser Miniatur auf eine Apsis übertragen, erscheint es als wahrscheinlich, daß die beiden unteren Gruppen durch ein Apsisfenster getrennt waren. In diesem Fall wäre der nach oben blickende Wachsoldat weiter rechts gestanden und hätte Pilatus angesehen. Die vorhergehende Komposition hätte sich dann mit größter Wahrscheinlichkeit in einer Nische zur Linken befunden, die ihrerseits eine weitere Nische zur Rechten voraussetzt, deren Gegenstand folgerichtig die Handwaschung des Pilatus gewesen wäre. [fol. 8v]

ΠΕΡΙ ΤΟΥ ΕΜΠΕCΟΝΤΟC ΕΙC ΤΟΥC ΛΗCΤΑC
ΜΙΧΑΙΑC
ΔΑΔ
CΙΡΑΧ

ΜΑΡΚΟϹ

32 Der gute Samariter

Eine der wichtigeren Sonntagslesungen ist Lukas 10,25ff. mit dem Gleichnis vom Barmherzigen Samariter. Aus einem ausführlicheren narrativen Zyklus, wie er in einigen Evangeliaren zu finden ist, hat der Künstler nur die Phasen ausgewählt, in denen der Samariter im Mittelpunkt steht und nicht der von den Räubern überfallene Mann. Eine Eigentümlichkeit des Malers dieser Miniatur besteht darin, daß er den Samariter als Christus selbst interpretiert. In der dominierenden Mittelszene beugt sich Christus über den zusammengeschlagenen Mann, um seine Wunden zu verbinden; ein Engel, der mit verhüllten Händen eine Schale trägt, assistiert ihm, vergleichbar den Engeln bei der Taufe, die ehrfurchtsvoll die Gewänder Christi halten. Der hieratische Charakter und die Betonung des Liturgischen könnten darauf hindeuten, daß eine Taufszene Quelle der Inspiration war. Die zweite Szene, in der Christus, gefolgt von dem Verwundeten auf einem Esel, den Gastwirt bezahlt, hat rein narrativen Charakter; kompositorisch findet sie ihre Entsprechung in der Stadt Jericho auf der linken Seite. Darunter sind wiederum zwei Prophetenpaare, in diesem Fall David und Micha sowie David und Sirach.
Die Geschichte vom Guten Samariter ist nicht das einzige Gleichnis, das im Codex Rossanensis dargestellt ist; er enthält auch eine Miniatur der Klugen und Törichten Jungfrauen, ebenfalls eine Sonntagslesung im liturgischen Zyklus. [fol. 7v]

33 Markus

Es ist ein Hinweis auf die vielen Verluste an frühchristlicher Buchmalerei, daß das am häufigsten dargestellte Thema, das Evangelistenporträt, nur in einem einzigen griechischen Beispiel erhalten ist, und zwar im Markus des Rossano-Evangeliars. Der Evangelist sitzt in einem Korbsessel und schreibt die ersten Sätze seines Evangeliums in altertümlicher Weise auf eine Rolle und nicht in einen Codex, was auf ein frühes Vorbild deutet. Vor ihm steht eine nimbierte weibliche Gestalt in langem blauen Gewand und Schleier, die ihm diktiert oder ihn inspiriert.

Die Komposition geht letztlich auf das Vorbild des von einer Muse inspirierten Dichters oder Philosophen des klassischen Altertums zurück; in der christlichen Adaptierung wird jedoch aus der kontemplativen Figur ein emsig schreibender Evangelist und aus der Muse eine Personifikation, die in diesem Fall zwar nicht identifiziert, in späteren christlichen Beispielen jedoch als ›Sophia‹ bezeichnet ist.

Die Gruppe hat einen Hintergrund und einen Rahmen, die beide in keiner rechten Beziehung zueinander stehen. Der Hintergrund besteht aus einer blauen Mauer mit einem aufgesetzten großen Quadrat, von dem Draperien zu den Ecken der Mauer herabhängen. Es handelt sich hier um die stark abstrahierte Darstellung der Umfassungsmauer eines Heiligen Haines, wie sie in pompejanischen Fresken vorkommt, mit einem überragenden Tor, von dem solche Draperien herunterhängen. Die Farbgebung hinter den Draperien, rosa, hellblau und blau, ist die Formel für den Sonnenuntergang. Der äußere Rahmen, gleichermaßen abstrahiert, ist vom Mittelteil einer Porta regia des römischen Theaters abzuleiten. Deutliche Merkmale dafür sind die farbigen Marmorsäulen mit goldenen Ringen, um die Vorhänge zurückzuhalten, und die Konche über dem Gebälk.

In dieser graeco-syrischen Miniatur, die sich deutlich von der aus Konstantinopel stammenden Miniatur mit dem Porträt des Dioskurides (Taf. 17) unterscheidet, tritt stärker als in irgendeiner der figürlichen Szenen die Entfernung von der klassischen Vergangenheit und die Entwicklung zu einem abstrakteren Stil zutage.

[fol. 121 r]

Rabbula-Evangeliar

Florenz, Biblioteca Medicea-Laurenziana, Cod. Plut. 1, 56
293 Blatt 336/338 x 267/279 mm

Die Handschrift entstand 586 im Johanneskloster in Zagba in Mesopotamien. Im 11. Jahrhundert war sie im Besitz des Klosters S. Maria in Maiphuc, später im Kloster von Kanubin. 1497 kam sie in die Laurenziana.

34 Kanontafel

Die dritte dieser ungewöhnlich großen Folge von neunzehn Kanontafeln zeigt, wie die anderen, sehr schlanke, entmaterialisierte und reich verzierte Säulen, die eine Lunette tragen und die Ziffern der Eusebianischen Konkordanztafeln einschließen, in diesem Fall das Ende des ersten Kanons mit den Parallelstellen aller vier Evangelien. Auf den Rändern befinden sich Szenen aus einem Zyklus des Neuen Testaments, die das Leben Christi in harmonisierter Weise illustrieren, so wie der Text der vier Evangelien in Tatians Diatessaron harmonisiert worden ist.

Die Szene der Geburt Christi zeigt die Jungfrau vor der Krippe sitzend, die die Form eines Blockaltars hat; das Kind liegt darauf, Joseph beugt sich zu ihm nieder. Der Hintergrund erinnert an die zum Heiligtum umgewandelte Höhle in der Geburtskirche, wodurch das Bild sich als eine Locus-sanctus-Darstellung von Bethlehem erweist. Die Anbetungsszene ist ausgelassen. Unter der Geburt, verteilt über beide Ränder, ist der Bethlehemitische Kindermord dargestellt, wobei Herodes sich in äußerst bewegter Haltung vorbeugt. Die Taufe Christi auf dem linken Rand fällt durch ein merkwürdiges Detail auf, das man als aus dem Jordan emporsteigende gelbe Flamme bezeichnet hat, eine Anspielung auf Lukas 3, 16: »Er wird euch mit Heiligem Geist und mit Feuer taufen.« In den oberen Feldern sind passend zur Geburt zwei königliche Vorfahren Christi dargestellt, David und Salomon, beide wie byzantinische Kaiser in die Purpurchlamys mit goldenem Tablion gekleidet: David steht frontal mit der Harfe in der Hand; Salomon sitzt auf einem kostbaren Thron, die Erdkugel in der Hand, offensichtlich die Adaptation eines Christustypus. [fol. 4 v]

35 Matthäus und Johannes

Nach Kanon v wird der Zyklus des Neuen Testaments auf den Rändern durch die vier Evangelisten unterbrochen, die Kanon vi und Kanon vii beigegeben sind. Die Evangelisten sind zu wichtig, um an die Ränder gedrängt zu werden, deshalb hat der Künstler sie in architektonische Umrahmungen eingefügt, die die äußeren Säulen der Kanontafeln ersetzen. Zwei Typen sind hier gemischt: Zwei Evangelisten sitzen unter aufwendigen architektonischen Gebilden, die zwei anderen stehen mit einem Codex in der Hand unter sehr einfachem architektonischen Rahmen.

Der ältliche Matthäus sitzt rechts in fast frontaler Haltung und hebt die rechte Hand in einem Redegestus empor, als ob er sich an Zuhörer wende; in seinem Schoß liegt sein Evangelium, das fast herabzugleiten scheint – ein Hinweis darauf, daß der Kopist nach einem Modell ohne Buch gearbeitet und dieses eigenständig hinzugefügt hat. Der jugendliche Johannes links sitzt auf einem Klappstuhl mit hoher Lehne und liest in einer sich vertikal öffnenden Schriftrolle; eine brennende Lampe auf langem, schmalem Ständer spendet ihm Licht. Man wird bemerken, daß Matthäus und Johannes im Gegensatz zum Markus des Rossano-Evangeliars (Taf. 33) nicht schreibend, sondern lehrend und lesend dargestellt sind. Darin kommt der noch engere Zusammenhang mit den Typen antiker Philosophen oder Dichter zum Ausdruck, von dem sie abgeleitet sind. Sitzfiguren von Dichtern waren in der antiken Kunst oft mit der Scenae frons des Theaters verbunden. Das erklärt den Architekturrahmen in unserer Miniatur: Das Bauwerk um Matthäus erinnert an den Tempietto in der Mitte der Scenae frons, und die Konche über Johannes an die des Markusbildes im Rossano-Evangeliar, ebenfalls ein aus dieser Quelle stammendes Motiv. [fol. 9v]

36 Christi Himmelfahrt

Wie das Rossano-Evangeliar hat auch der Rabbula-Codex ganzseitige Miniaturen, die in ihrer Komplexität nicht einfache narrative Illustrationen sind, sondern deutlich monumentale Kompositionen spiegeln. Die eindrucksvolle Komposition der Himmelfahrt enthält viele Elemente, die nicht durch den Text der Apostelgeschichte erklärt werden können, sondern aus dogmatischen Gründen ausgewählt wurden. Die in Purpur gekleidete Jungfrau steht isoliert in der Haltung einer Orantin in der Mitte. Obwohl sie in der Erzählung der Bibel nicht erscheint, ist sie hier als Garant der menschlichen Natur Christi, der durch sie zur Erde kam, mit dargestellt. Ebenfalls auf die menschliche Natur Christi spielen die beiden Engel an, die mit verhüllten Händen Kronen darbieten, ein Fingerzeig auf Hebräer 2,7: »Du hast ihn eine kurze Zeit unter die Engel erniedrigt / Mit Herrlichkeit und Ehre ihn gekrönt.« Paulus selbst, dessen Anwesenheit hier ebenfalls durch den Schrifttext nicht gerechtfertigt ist, scheint diese Briefstelle zu erklären, da er einen mit einem Finger spaltbreit geöffneten Codex hält und auf den auffahrenden Christus deutet. Das dritte fremde Element sind Tetramorph und Feuerräder, die auf verschiedenen Visionen des Ezechiel basieren. Das Bild muß als Verherrlichung des Dogmas von den zwei Naturen Christi verstanden werden, wie es auf dem Konzil von Chalcedon im Jahr 451 formuliert wurde. Man kann nur vermuten, daß eine solche Komposition für die Kirche auf dem Ölberg erfunden wurde, wo die Himmelfahrt stattfand. Der an Tesserae gemahnende Rahmen kann als Hinweis darauf genommen werden, daß das Vorbild ein Mosaik war. Ein solches Vorbild aus etwas früherer Zeit muß fest in der Tradition eines malerischen hellenistischen Stils vom Charakter einer impressionistischen Landschaft gestanden haben, die denen der Wiener Genesis vergleichbar war. Nur in den menschlichen Figuren mit ihren leicht übertrieben wirkenden wallenden Konturen, den lebhaften Gebärden und der stürmischen Bewegtheit der Engel scheint ein syrisches Element in die mächtige griechische Tradition eingeflossen zu sein. [fol. 13 v]

37 Thronender Christus

Eine weitere Miniatur, die von einem monumentalen Vorbild – in diesem Fall sicherlich einem Apsisbild – abgeleitet ist, zeigt den Thronenden Christus in einer blauen Mandorla zwischen zwei weißhaarigen geistlichen Männern, vielleicht Heiligen (obwohl keiner von ihnen einen Nimbus hat; einer trägt eine Mönchskapuze). Sie führen Christus zwei jüngere Männer zu; die Gruppierung ist ähnlich wie auf dem bekannten Mosaik in SS. Cosma e Damiano in Rom, wo Petrus und Paulus die beiden Titelheiligen vor Christus bringen. In unserer Miniatur tragen alle vier dunkle braune Gewänder, wie sie für Mönche passend sind, obwohl das Pallium der drei barhäuptigen Figuren keine spezifische Mönchstracht ist.

Die Figuren sind leider nicht bezeichnet, ihre Identifizierung ist deshalb unsicher. Für den Mönch wurde der Name Ephraims des Syrers vorgeschlagen, doch handelt es sich dabei um kaum mehr als eine Vermutung. Da einige der ganzseitigen Miniaturen im Evangeliar des Rabbula mit Heiligen Stätten in Jerusalem in Zusammenhang gebracht werden können, erhebt sich die Frage, ob das der Miniatur zugrunde liegende Apsisgemälde einer Kirche in Jerusalem entstammt. In diesem Fall könnte es sich bei dem Mönch genausogut um einen Griechen, vielleicht Euthymios, oder um einen anderen palästinensischen Mönch handeln.

Es sollten jedoch nur die fünf Figuren mit dem monumentalen Vorbild in Verbindung gebracht werden; sie wurden wohl den besonderen Erfordernissen eines Dedikationsbildes in einer Handschrift angepaßt, indem zweien von ihnen Codices in die Hand gegeben wurden. Alles übrige, der grüne Hintergrund mit den blauen Bäumen und vor allem der Bogen, der den in Kanontafeln verwendeten ähnlich ist – besonders dem des ihnen vorausgehenden Eusebius-Briefes – sind dekorative Elemente der Miniaturentradition. [fol. 14r]

38 Pfingsten

Die nächste ganzseitige Miniatur geht ebenfalls auf eine monumentale Komposition zurück, offensichtlich auf eine in einer Nische, die einen Schatten warf. Dargestellt ist ein sehr ungewöhnliches Pfingstfest: Die Apostel sitzen nicht in einem Kreis oder Halbkreis, sondern stehen zu beiden Seiten der Jungfrau, die, wie in dem Himmelfahrtsbild, vom Text der Apostelgeschichte nicht verlangt wäre. Die beiden Darstellungen der Jungfrau sind vom Typ her sehr unterschiedlich, wobei die des Pfingstfestes weniger körperlich wirkt. Dies mag zum Teil auf die Ausführung durch verschiedene Hände zurückzuführen sein, mehr jedoch noch auf Vorbilder aus zwei verschiedenen Perioden, wobei das des Pfingstbildes anscheinend das spätere war.

Die Ikonographie ist einzigartig, da die Jungfrau nicht wie üblich von Petrus und Paulus flankiert wird, die beide im Bild nicht einmal mit Sicherheit benannt werden können. Rechts von Maria steht an bedeutsamer Stelle ein Apostel mit schütterem weißen Bart, der als Jakobus, der Bruder des Herrn, identifiziert werden muß, »der Älteste von ihnen« und erster Bischof von Jerusalem.

Es gab in Jerusalem in der Zionskirche, der Patriarchatskirche, eine Kapelle des Heiligen Geistes, die man für den Ort des biblischen Geschehens hielt. Diese Kapelle besaß spätestens seit der Zeit der Kreuzzüge ein Mosaik mit der Darstellung des Pfingstgeschehens, und es erscheint sehr wahrscheinlich, daß unsere Miniatur dieses verlorene Mosaik wiedergibt.

Stilistisch repräsentiert die Miniatur einen sehr modernen Stil, der sich von der klassischen Tradition schon entfernt. Die Figuren sind in summarischer Weise zylindrisch gebildet, worin sich ein syrisches Element zeigt. Dasselbe gilt für die Köpfe: der ganz außen links verrät orientalische Züge, wie sie auch in der Wiener Genesis und dem Rossano-Evangeliar zu erkennen waren. [fol. 14v]

Syrische Bibel in Paris

Paris, Bibliothèque Nationale, Cod. syr. 341
246 Blatt 312 x 230 mm

Aus der bischöflichen Bibliothek von Siirt südlich des Van-Sees in der Osttürkei stammend, ist die Handschrift vermutlich auch dort entstanden. Seit 1909 befindet sie sich in der Bibliothèque Nationale.

39 Hiob

In einigen wenigen Fällen hat der Maler dieser Bibel an den Beginn eines Buches nicht das Porträt seines stehenden Autors, sondern eine szenische Darstellung gesetzt. Es ist nicht zufällig, daß eine davon aus dem Buch Hiob stammt, denn nach dem Psalter ist Hiob im Osten das am häufigsten illustrierte Buch des Alten Testaments. Nicht weniger als fünfzehn Kopien, die mit der wirkungsvollen Illustration zu den ersten beiden Kapiteln beginnen, sind erhalten. Ein solches Vorbild wurde auch von unserem Illustrator benutzt, der möglichst viel von der Erzählung wiedergeben wollte und deshalb rings um den entblößten, sich an einen Misthaufen lehnenden, mit Schwären übersäten Hiob Elemente verschiedener Szenen miteinander verschmolz. Unten rechts sitzt sein verzagtes Weib, das vor der Ankunft seiner Freunde eine Auseinandersetzung mit ihm hatte (Hiob 2,9). Weiterhin ist einer seiner drei Freunde aus der nächsten Szene ihrer Ankunft bei Hiob entnommen: Beim Anblick des großen Dulders in seinem Elend zerreißt er seine Gewänder (Hiob 2, 12). Schließlich sehen wir zwei der drei Freunde, wie sie bei ihm sitzen und jene Gespräche mit ihm führen, die das Kernstück des Buches bilden. Oben links befindet sich Hiobs Haus, vielleicht ein Überbleibsel aus einer Szene, die noch vor dem Beginn seiner vielen Prüfungen liegt.

Es ist bezeichnend, daß – vielleicht mit zwei Ausnahmen – alle illustrierten Handschriften des Buches Hiob aus den byzantinischen Ostprovinzen stammen. In der Syrischen Bibel zeigt sich seine besondere Bedeutung darin, daß es unmittelbar auf den Pentateuch folgt.

Trotz der summarischen Pinseltechnik ist dem Illustrator kompositionell eine harmonische halbkreisförmige Gruppierung der verschiedenen Elemente gelungen, ohne daß Nahtstellen aus dem Verschmelzungsprozeß sichtbar wären. Die Landschaft mit dem rosa und blauen Himmel verrät noch die malerischen Qualitäten der klassischen Tradition. [fol. 46r]

40 Moses vor dem Pharao

Die Miniatur zum Buch Genesis, die prächtiger als jede andere gewesen sein dürfte, ist verloren; das erste Bild in dieser Handschrift gehört zum Beginn des Exodus. Warum der Künstler aus einem umfangreichen narrativen Zyklus die Szene auswählte, in der Moses und Aaron den Pharao um Erlaubnis zum Auszug aus dem Land bitten, ist schwer zu verstehen, da andere Episoden aus dem Exodus viel populärer waren.

Moses nähert sich mit raschem, ausholendem Schritt und hebt seine rechte Hand anklagend gegen den Pharao, der sein Zepter drohend in der linken Hand hält und aufgebracht von seinem Thron aufzuspringen scheint. Im Gegensatz zu den aufgeregten Protagonisten steht Aaron in steifer frontaler Haltung mit dem knospenden Stab als seinem Attribut hinter Moses wie die Leibwachen hinter dem Pharao. Den in die kaiserliche Purpurchlamys gehüllten Herrscher in derartiger Erregung darzustellen, geht völlig gegen die ›raison et mesure‹ der Konstantinopeler Kunst, scheint jedoch typisch für die syrische. In der Szene des Bethlehemitischen Kindermords im Rabbula-Evangeliar sahen wir Herodes in einer ganz ähnlichen Haltung offensichtlich vom Thron aufspringen (Taf. 34).

Stilistisch folgte der Illustrator eng dem Rabbula-Evangeliar, besonders dem Maler des Pfingstbildes (Taf. 38). Vor allem die Figur des Moses mit dem um einen zylindrischen Körper gewickelten Gewand, und die leichte, flaumige Pinseltechnik, die an den Köpfen zu beobachten ist, läßt sich mit jener Miniatur vergleichen. Es scheint daher, daß diese Bibel nicht viel später als das Rabbula-Evangeliar zu datieren und dem 6., vielleicht auch dem frühen 7. Jahrhundert zuzuordnen ist. [fol. 8 r]

Evangeliar des hl. Augustinus

Cambridge, Bibliothek des Corpus Christi College, Cod. 286
265 + V Blatt 250 x 190 mm

Die Handschrift gehörte früher dem Kloster St. Augustine in Canterbury und wurde 1575 von Matthew Parker, Erzbischof von Canterbury, dem Corpus Christi College in Cambridge zum Geschenk gemacht.

41 Szenen aus dem Neuen Testament

Dem Lukasevangelium geht eine Sammelminiatur voraus, die in zwölf Szenen die früheren Ereignisse der Passion Christi darstellt, vom Einzug in Jerusalem bis zu Simon von Cyrene, der das Kreuz trägt. Sie stammen nicht alle aus dem Lukasevangelium, sondern wir haben es hier – wie in dem Rabbula-Evangeliar (Taf. 34) – mit einem harmonisierten Zyklus aus allen vier Evangelien zu tun. Ein ähnliches, jetzt nicht mehr vorhandenes Vorsatzblatt zum Johannesevangelium muß wohl in gleicher Weise das Ende der Passion und die ihr folgenden Ereignisse illustriert haben; vermutlich waren dem Matthäus- und Markusevangelium Szenen aus der Jugend Christi vorangestellt.

Bei den Sammelbildern, die ursprünglich über den Evangelientext verstreut waren, litt der Illustrator offensichtlich häufig unter Platzmangel und nahm Zuflucht zu Auslassungen (indem er etwa beim Abendmahl nur acht Apostel darstellte) und gelegentlichen Beschneidungen der Figuren am Rand. Die untersetzten Gestalten, die einfach gezeichneten Gewänder und ausdruckslosen Gesichter enthüllen, daß der Künstler stärker an einer dekorativen Verteilung kompositioneller Elemente (man beachte die abstrakte Anwendung der Farben im hügeligen Hintergrund) als an der organischen Struktur des menschlichen Körpers interessiert war, worin er die westliche Entwicklung vorwegnimmt. Ebenfalls westliche Züge sind in der Ikonographie zu finden, wie etwa dem beim Einzug in Jerusalem rittlings auf dem Esel sitzenden Christus. Petrus bei der Fußwaschung auf einem hochlehnigen Thron scheint typisch römische Züge aufzuweisen.

Obwohl im wesentlichen narrativ, kann der Einfluß liturgischer Vorstellungen in den Mittelszenen der beiden oberen Reihen – dem Abendmahl und der Fußwaschung – erkannt werden: Sie sind die einzigen Szenen ohne Landschaftshintergrund und in strenger hieratischer Symmetrie komponiert. In ihnen sind die beiden wichtigen Lesungen des Gründonnerstags dargestellt. [fol. 125 r]

CENA DNI
IHS LAVIT
DISCIPULO
PEDES
RUM

42 Lukas

Dem Lukasevangelium ist ein Porträt des weißhaarigen Autors vorangestellt, der in frontaler Haltung mit gekreuzten Beinen dasitzt und seinen rechten Arm in einem Meditationsgestus unter das Kinn stützt. Alle Evangelisten sind, wie schon erwähnt, von den Porträts griechischer Philosophen und Dichter abgeleitet (Taf. 33), aber der Typus dieses Lukas ist außerordentlich selten. In griechischen Evangelistenporträts hat er überhaupt nicht überlebt; man kennt ihn nur aus einem armenischen Evangeliar der Königin Mlke in Venedig (im allgemeinen 902 datiert), das, wie unser Porträt, sicherlich auf einen griechischen Prototyp zurückgeht. Lukas sitzt vor einer Nische mit einem Portal, das an die Porta Regia der Scenae frons erinnert. Die vier Säulen aus farbigem Marmor vor der Nische, die ursprünglich einen Tempietto formten, sind wie in den Kanontafeln völlig abgeflacht und zu einem dekorativen Rahmen umgebildet. In anderer Weise stilisiert und abstrahiert, geht dieser Darstellungstypus letztlich auf dieselben Wurzeln zurück wie die Umrahmungen des Markus im Rossano-Evangeliar (Taf. 33). Die rein westliche Tradition erweist sich jedoch in dem Evangelistensymbol der Halbfigur, eines geflügelten Stiers, in der dekorativ gerahmten Lunette.

Der Illustrator nutzte die schmalen äußeren Zwischenräume zwischen den Säulen für Szenen, die nicht wie auf der Sammelseite (Taf. 41) aus einem harmonisierten Zyklus, sondern alle aus dem Lukasevangelium stammen; sie beginnen mit der Verkündigung oben links und enden mit Zacchäus im Feigenbaum unten rechts. Hier ist der Illustrator im Prozeß der Verdichtung noch einen Schritt weitergegangen und hat in jedem der sechs Felder zwei Szenen zusammengedrängt, wobei die Figuren noch enger aneinandergepreßt und von Rahmen oder Hügeln überschnitten werden.

Der italienische Künstler der Miniatur ist in seinem Bestreben, den Körper des Evangelisten flächig zu gestalten und die organische Körperstruktur durch ein System gekurvter, ein gefälliges Muster bildender Linien zu ersetzen, ziemlich weit gegangen. Hier sind dieselben Tendenzen zur Abkehr von der klassischen Tradition wie im Vergilius Romanus (Taf. 12–14) zu spüren; doch zeigt unser Künstler mehr Sensibilität in der linearen Zeichnung. [fol. 129v]

Kanontafeln, London

London, British Library, Cod. Add. 5111
2 Blatt 220 x 158 mm

Die Blätter sind in ein griechisches Evangeliar eingebunden, das 1189 datiert ist und vom Berge Athos stammen soll.

43 Kanontafel

Das vielleicht kostbarste Fragment aller frühchristlichen Handschriften sind zwei Blätter aus einer Folge von Kanontafeln mit dem vorangesetzten Brief des Eusebius in der British Library. Unglücklicherweise wurden sie beschnitten und dem Format eines kleineren Evangeliars aus dem 12. Jahrhundert angepaßt. Die Blätter sind hier goldgefärbt, was noch seltener vorkommt als purpurgefärbte Blätter. Sie bilden den Hintergrund für eine ursprünglich von drei Säulen und zwei Bögen gestützte Lunette. Die Bögen und Säulen sind mit abstraktem Ornament gefüllt, das aus stilisierten Palmetten über Omegas mit schotenförmigen Ausbuchtungen besteht. Die helle, leuchtende Farbe des Ornaments hat emailähnliche Qualität, die sich wirkungsvoll von dem Goldhintergrund abhebt. Die Ornamentalisierung hat dazu geführt, daß die Architekturteile einschließlich der an Spitzenbesatz erinnernden Kapitelle völlig ihre strukturelle Bedeutung verloren haben. Die nächsten Parallelen zu diesen orientalisierenden Mustern sind in Textilbordüren zu finden, die auch die tatsächliche Inspirationsquelle gewesen sein können.
Unter den zwei Bögen befinden sich zwei Porträtmedaillons, die mit ihren realistischen Gesichtern und der freien Pinseltechnik ganz klassisch sind. Ursprünglich gab es zwölf solche Medaillons, und man hat sie zu Recht mit den zwölf Aposteln identifiziert. Da aber die Apostel in keiner direkten Verbindung zu den Konkordanzen der Kanontafeln und dem Eusebiusbrief stehen, wurde angenommen, daß sie aus einem topographischen Ursprung abzuleiten seien, und zwar aus einer Serie von Imagines clipeatae, die zur Innenausstattung des Konstantinmausoleums gehören, das mit der Apostelkirche in Konstantinopel verbunden war. Da wir es ganz offensichtlich mit Blättern von so außerordentlicher Pracht zu tun haben, daß kaiserliches Patronat und Konstantinopeler Ursprung mit Recht angenommen werden können, spricht viel für eine Verbindung mit der Kirche der heiligen Apostel. Eine Entstehungszeit zu Ende des 6. oder im 7. Jahrhundert ist sehr wahrscheinlich.
[fol. 11r]

Ashburnham-Pentateuch

Paris, Bibliothèque Nationale, Nouv. acq. lat. 2334
142 Blatt 371 x 321 mm

Die Handschrift war vom 9. bis zum 19. Jahrhundert im Besitz der Kathedrale von Tours. 1843 wurde sie aus der dortigen Bibliothek gestohlen und vier Jahre später an den Herzog von Ashburnham verkauft. 1888 gelangte sie in die Bibliothèque Nationale.

44 Kain und Abel

Die dreizehn Verse von Genesis 3,21 bis 4,9 sind in einer Miniatur mit nicht weniger als neun Szenen dargestellt, die der Illuminator in rein dekorativer Weise ohne jede Rücksicht auf die korrekte Reihenfolge auf der Bildfläche verteilt hat. Der Zyklus beginnt noch richtig oben links mit Adam und Eva in einer Laube, endet jedoch in der zweiten Reihe rechts mit dem Herrn, der Kain nach seinem Bruder fragt. Das Säugen von Kain und Abel ist getrennt und auf zwei verschiedene Zonen verteilt, und die Szene mit dem Opfer der Brüder und dessen Annahme durch den Herrn erscheint in verkehrter Reihenfolge, um nur zwei Diskrepanzen aufzuzeigen.

Einen sehr eindrucksvollen Effekt bewirkt die Teilung des Bildes in drei Zonen, von denen jede eine andere Grundfarbe von starker emotionaler Wirkung hat: ein aufwühlendes, feuriges Orange oben, ein pastorales Grün in der Mitte und unten ein düsteres, unheilschwangeres Purpur. Davon heben sich die Figuren in manchmal sehr dramatischen Haltungen ab. Die untere Zone ist höher als die anderen: Eine mit einem Bogen umgrenzte Fläche ist der spektakulärsten Szene, dem Brudermord, vorbehalten; in zwickelartigen Feldern hütet Abel seine Herde, und Kain bestellt mit einem Ochsengespann den Boden. Ein Kornfeld ist unten rechts als Raumfüller eingefügt.

Das seltsame Motiv der Laube mit gegabelten Stützen ist auch in der Grandval-Bibel des 9. Jahrhunderts aus Tours zu finden, die ikonographisch auf die Cotton-Genesis zurückgeht. Obwohl nun eine gewisse Verbindung mit dieser alexandrinischen Bibeltradition bestehen mag, gehört der Ashburnham-Pentateuch als Ganzes nicht zu dieser ägyptischen Bildrezension, sondern zu einem unbekannten Zentrum – nicht ausgeschlossen wäre Nordafrika –, das demnach einen eigenen Stil und eine Ikonographie von großer Eigenständigkeit und Ausdruckskraft entwickelt haben dürfte. [fol. 6r]

45 Sintflut

Der Illustrator maß der Sintflut eine besondere Wichtigkeit zu und füllte eine ganze Seite mit diesem einen Thema. Die blaue Arche mit den roten, rosa und braunen Streifen ist von ganz ungewöhnlicher Gestalt und ähnelt mehr einer auf Füßen ruhenden Truhe als einem Schiff. In dem naturalistisch trüben, dunkelgrünen Wasser darunter treiben zwei kleine und zwei große tote menschliche Körper, die die ebenfalls untergegangenen Pferde kleiner erscheinen lassen und den makabren Effekt steigern. Da die Midrashim von »Riesen von solcher Größe und Stärke, daß die Wasser allein sie nicht hätten überwältigen können«, sprechen, ist es sehr wahrscheinlich, daß der Ashburnham-Pentateuch Elemente aus einer jüdischen Tradition übernommen hat.

Makabre Elemente tauchen auch in einigen der späteren reich illustrierten Handschriften der spanischen Beatus-Apokalypse auf. Aufgrund dieser Verbindungen haben einige Gelehrte den Ashburnham-Pentateuch selbst für eine spanische Arbeit gehalten. Dies bleibt jedoch eine noch offene Frage, auch wenn nicht zu leugnen ist, daß er einen starken Einfluß auf die spanische Kunst gehabt hat, selbst wenn er nicht in Spanien entstanden ist.

Die Sintflut nimmt auch in der Wiener Genesis (Taf. 23) einen hervorragenden Platz ein, doch ist dort die Komposition, die den starken Regenguß und einige noch kämpfende Opfer darstellt, von ganz anderer Art. Die nur in der Mosaikkopie von San Marco in Venedig erhaltene Sintflutszene in der Cotton-Genesis ist ebenfalls verschieden. Dies ist um so bemerkenswerter, als in der vorigen Miniatur einige Verbindungen zu der Cotton-Genesis-Rezension festgestellt werden konnten. Unter den frühchristlichen Darstellungen dieses Themas bleibt die Miniatur im Ashburnham-Pentateuch einzigartig. [fol. 9r]

QUIUENITPERAGRUMINOCCUR
SUMNOBISDIXITQ·EIIPSEEST
PALLIUMOPERUITSE·SER
UUSAUTEMCUNCTAQUAEGES
SERATNARRAUIT·ISAAC
XXVI·QUIINTRODUXITEAMINTABERNA
CULUMSARRAEMATRISSUAE
ETACCEPITEAMUXOREM·ETINTAN
TUMDILEXIT·UTDOLOREMQUIEX
MORTEMATRISACCIDERAT
TEMPERARET

hic filii isrl dicunt
ad moysen omnia que
precepit dns faciemus
hic ubi offe
rent olocausta
TENTORIA FILIORUM
ISRL
IOSUE
MOYSES
NADAB
ABIU

46 Isaak und Rebekka

Die Szenen, die sich auf die Episode mit Rebekka am Brunnen beziehen, sind wiederum ohne Ordnung über die Bildfläche verteilt. Sie beginnen im mittleren Register rechts mit Eliezer, Abrahams Diener, der nachdenklich am Brunnen sitzt. Rebekka nähert sich ihm mit dem Wasserkrug auf der Schulter genau in der Mitte des Bildes; sie sind getrennt durch eine Szene, in der Rebekka gerade das Wasser aus dem Brunnen geschöpft hat, um es ihm zu geben, und er ihr gleichzeitig einen Ring an den Finger steckt. Hier wurden offensichtlich zwei Geschehensabläufe miteinander verschmolzen, die ursprünglich in zwei getrennten Szenen dargestellt waren – ein Beweis dafür, daß ein noch reicherer Zyklus als Vorbild diente. Wie stark unterscheiden sich diese Szenen auf der ohne Rücksicht auf räumliche und zeitliche Beziehungen dicht gefüllten Fläche von den Parallelszenen in der Wiener Genesis, wo sich einfach gekleidete klassische Figuren frei im offenen Raum bewegen (Taf. 24).

Verglichen mit früheren, auf wenige Figuren beschränkten Bibelillustrationen, ist auch in den anderen Episoden eine Tendenz zur Ausbreitung großartiger Szenerien zu beobachten. Der Empfang Eliezers in Labans Haus im oberen Teil der Seite ist in die Villa eines reichen Grundbesitzers verlegt, wie man sie aus tunesischen Fußbodenmosaiken kennt. Doch bilden in der Miniatur die aus dem Zusammenhang gelösten Teile ein phantastisches Ensemble. Diese Art von Szenerie ist unten rechts wiederholt, wo Rebekka in Gegenwart des betagten Abraham dem Isaak vorgestellt wird. Fernerhin wird in der oberen Szene besonderer Wert auf vollkommene Sichtbarkeit jedes einzelnen der zehn Kamele sowie der Diener, darunter auch Schwarzhäutiger, gelegt. Verschwenderische Pracht entfaltet sich in den reich verzierten Gewändern und dem Kopfschmuck Rebekkas. Diese äußerlichen Zutaten verbergen beinahe den Kern der biblischen Erzählung; sie sind farbenfroh und lebendig und zeigen eine für den Ashburnham-Pentateuch spezifische Qualität, die in keinem anderen uns bekannten Manuskript eine Parallele hat. [fol. 21 r]

47 Moses empfängt das Gesetz

Einige der Bilder zum Exodus folgen dem Bibeltext nicht mit der gleichen Genauigkeit wie die Genesis-Illustrationen. Die obere Hälfte einer Miniatur, die Moses auf dem Berg Sinai zeigt, hat zwar narrativen Charakter, jedoch mit Veränderungen und Zutaten. Moses hat Aaron und dessen Söhne Nadab und Abihu zurückgelassen und ist auf den Berg gestiegen (Exodus 22, 1 ff.). Er spricht zum Herrn, dessen Antlitz in einer Wolke erscheint, ein Detail, das aus dem neunzehnten Kapitel übernommen ist. Von der Bergkette, die der Wirklichkeit entsprechend schroff und zerklüftet ist, schlagen hohe Flammen empor. Die machtvolle Dynamik der Szene wird noch dadurch verstärkt, daß diese den oberen Rahmen durchbrechen. Darunter liest Moses einer großen Menge von Israeliten, Männern und festlich gekleideten Frauen, aus den Tafeln vor. Er steht hinter einem Altar, den er für das Brandopfer errichtete. Doch anstelle eines Opfertieres bemerkt man auf dem Altar einen Kelch und Brote, eindeutig eine Präfiguration der christlichen Eucharistie.
Die untere Bildhälfte zeigt keine sichtbare Verbindung mit irgendeiner Bibelstelle. Die Wüstenzelte mit Aaron und Joshua links und Aaron und seinen Söhnen rechts sind offensichtlich zur Seite gedrängt, um Platz für eine detaillierte Darstellung des Bundeszeltes in Form eines Tempels zu schaffen. Daß das Bundeszelt in der Wüste durch einen gebauten Tempel ersetzt ist, geht höchstwahrscheinlich auf eine jüdische Quelle zurück.
Die Verbindung zwischen einer oberen Szene mit Moses am Berg Sinai und einer weniger bewegten unteren Szene mit dem Bundeszelt oder Tempel findet sich auch in den in Tours hergestellten karolingischen Bibeln, und tatsächlich besteht die Wahrscheinlichkeit eines gemeinsamen Archetypus. Es erscheint uns angebracht, die letzte biblische Szene, die wir hier beschrieben haben, mit einem Fragezeichen versehen zu müssen. So wird dem Leser nochmals in Erinnerung gebracht, daß uns das äußerst spärliche Material nicht erlaubt, den Einfluß illustrierter Bibeln innerhalb der ökumenischen Christenheit in allen seinen Einzelheiten zu erfassen.

[fol. 76r]

Codex Amiatinus

Florenz, Biblioteca Medicea-Laurenziana, Cod. amiat. 1
1029 Blatt 500 x 340 mm

Seit dem Ende des 9. oder dem Beginn des 10. Jahrhunderts war der Codex Eigentum des Klosters San Salvatore auf dem Monte Amiato bei Siena. 1786 befand er sich im Castello Nuovo in Florenz.

48 Ezra

Es war höchstwahrscheinlich Cassiodors eigene Idee, dem Codex Grandior, einer der in Vivarium in Kalabrien entstandenen Bibelkopien, ein Porträt Ezras, des Propheten und Schriftgelehrten, voranzustellen, der die Heilige Schrift nach dem Ende der babylonischen Gefangenschaft neu schrieb. Die Wahl fiel möglicherweise auf ihn, um so auf Cassiodors eigene Tätigkeit als Schreiber hinzuweisen. Das traditionelle Porträt Ezras in der Bibelillustration war wie das aller Propheten eine Standfigur, und so ist er auch in der Pariser Syrischen Bibel (Abb. XII) dargestellt. Im Codex Amiatinus wurde jedoch ein byzantinischer Evangelist, der emsig in einem großen Codex auf seinen Knien schreibt, als Vorbild benutzt und durch ein Tallith auf dem Kopf und eine Platte mit zwölf Steinen auf der Brust der neuen Bedeutung angepaßt. Der Schrank, in dessen Fächern ledergebundene Bücher, vermutlich Bibeln, liegen, geht ebenfalls auf eine frühe Tradition zurück, als die Fächer noch mit Schriftrollen gefüllt waren.
Um 700 muß sich der Codex Grandior in Jarrow-Wearmouth befunden haben, wo die Amiatinus-Kopie angefertigt wurde. Über die Frage, ob die Ezra-Miniatur von einem in dem northumbrischen Kloster lebenden italienischen Künstler oder von einem einheimischen Angelsachsen gemalt wurde, besteht noch keine Einigkeit. Die erste Alternative wird unterstützt durch Ezras Nähe zum byzantinischen Evangelistentypus, durch seine Haltung, die Draperie, das Mobiliar und die Schreibutensilien sowie die stilistische Affinität der Miniatur zu römischen Fresken aus dem Ende des 7. Jahrhunderts. Unter den Faktoren, die für die zweite Alternative sprechen, ist der dekorative Gebrauch der Farbe in den Gewändern zu nennen, wodurch der rote Mantel in seinem unteren Teil zur Tunika, und die grüne Tunika zum Mantel wird. [fol. v r]

CODICIBUS SACRIS HOSTILI CLADE PERUSTIS
ESDRA DÕ FERVENS HOC REPARAVIT OPUS